CD-ROM 付き

ナツメ社 保育シリーズ

子どもの力が伸びる

2歳児の保育 12か月

横山洋子 [監修]

ナツメ社

はじめに

新しいクラスの担任になった際、ワクワクと同時に、1年間どのように保育していけばよいのかと一抹の不安がよぎるでしょう。子どもたちの1年間の発達を見通して、どの時期に何を育てていくのかを考え、発達に必要な経験ができるように環境を整えなければなりません。

　ご安心ください。本書は、そのような保育者のみなさんのご要望に応えるために登場しました。まず2歳児の1年間をざっと見通し、指導計画の立て方も、ていねいに解説しました。それから月ごとの子どもの姿や保育のアイデア、あそびを載せています。さらに、子どもへのことばかけや保護者対応についても、エッセンスを取り上げました。

　特に大切にしていただきたいのが、子どもの育ちの読み取りです。ぜひ、クラスの子どもの姿を記録し、何が育っているのか、今後はどのように援助していきたいかを書いてみてください。必ず保育力がアップします。

　本書が、保育者のみなさんの助けとなり、クラスの子どもたちの笑顔につながることを願っております。

横山洋子

もくじ

Part 1 クラスづくり

10月〜12月

 1月〜3月

Part **2** 保護者対応

Part **3** 指 導 計 画

Part 4 クラス運営のヒント

　　付属CD-ROMには、年間指導計画・月案のほか、おたよりに使えるテンプレート、イラスト、文例、製作あそびや壁面かざり、シアターの型紙を収録。使用される前に289ページの「CD-ROMをご使用の前に」を必ずお読みください。「CD-ROMの使い方」は、CD-ROM内のPDFでご確認いただけます。

「2歳児の保育12か月」でレッツ保育！

この1冊で2歳児はおまかせ！

この1冊さえあれば、2歳児クラスは大丈夫！ この本の使い方と、2歳児の保育の基本を紹介します。

特に注目したいのが
「２歳児のケア＆生活」

そして
「0.1.2歳児
保育のキホン」
だピョン！

現場に沿った
シーンで
わかりやすく
説明している
ピョン！

巻頭カラー特集では
２歳児の保育で
必ず知っておきたい
基本をおさえられるんだ

指導計画の
立て方は
６ステップでOK！

製作アイデアも
すぐに
使えるね！

キホンも
しっかり！

６ステップ
で
わかる！

かわいい＆
わかりやすい

おぉー！！

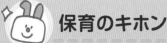 **保育のキホン**

愛着関係や養護と教育についてなど、保育をする上で知っておきたい基本をおさらい。「3つの視点」「5領域」「10の姿」についての理解も深まります。→34ページ

 指導計画

子ども一人一人の発達を保障し、主体的な活動を支援するための方針が指導計画です。各項目に何を書くか、わかりやすく解説しています。→38ページ

 製作・壁面かざり

発達に合った製作あそびを活動に取り入れて、指先を動かすあそびを充実させて。また、室内を楽しく彩る季節の壁面かざりもおすすめです。→44ページ・52ページ

Part1 では
毎月の保育に役立つ
情報を月ごとに
掲載！

各月のあそび

各月で取り入れたいあそびアイデアを掲載。全身を動かせるあそびや友達と関われるものなど盛りだくさん。行事で取り入れやすい親子あそびも紹介しています。

見通し・環境・援助

1年を4期にわけ、見通しをもった保育をするためのポイントをまとめました。2歳児ならではの環境、援助の情報もたっぷり！

シアター

2歳児にぴったりのシアターを紹介。子どもの発達に合わせ、いっしょにあそぶことができます。

これなら
迷わずに
2歳児の保育が
できそう！

2歳児の生活や
あそびの援助の
しかたが
満載ピョン！

読み取ろう 子どもの育ち

あそびや生活のシーンから、子どもの育ちを読み取りました。どういった視点で子どもを見守ればよいか参考になるはずです。

環境構成＆援助

保育者は、ねらいに即した環境を構成し、必要な援助をします。子どもの主体的な活動をいかに引き出せるかがポイント。かける言葉もとても重要です。

あそびアイデア

乳児期の子どもはあそびの中で成長し、必要な力を獲得します。言葉を獲得し、集団で協力してあそぶ、といった発達段階に合わせて、活動に取り入れましょう。

子どもの育ちの
読み取り

子どものあそぶ姿、生活のなかでの姿を広い目でとらえ、その子の成長の節目をキャッチしましょう。育ちの芽は、どのシーンにも必ずあります。

Part2 では連絡帳をメインに保護者対応を詳しく掲載！

わかりやすい！

これは安心！

連絡帳

保護者との連絡ツールである連絡帳の文例を17本掲載。書くときの参考になります。

Part3 では年間計画・月案をたっぷりと！！

指導計画

指導計画をたてる際に役立つボリューム感！「内容」には関連する5領域を入れました。

CD-ROMつき♪♪

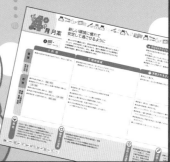

Part4 ではおたよりイラストと文例を月別に用意したので活用してほしいピョーン！

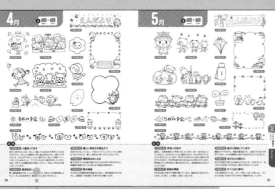

おたより

各月のクラスだよりなどのおたよりで使えるイラストが満載。文例もあるのでかんたんにおたよりを作ることができます。

まるっと1冊で
2歳児クラスの
クラス運営に
自信がつくよ！

バンザーイ！

保護者対応

保護者と保育者は協力し合い、子どもの育ちを喜び合える関係でありたいもの。さまざまなタイプの保護者への対応をチェックし、よりよい保育につなげましょう。→211ページ

年間計画・月案

指導計画はクラス運営の基本。年間計画を立てた上で月案→週案→日案と、より具体的に考えます。各園の方針や環境、子どものようすに合わせて立案します。→227ページ

おたより

おたよりは家庭へ情報を伝える大切なツールです。保護者にとってわかりやすく、思わず読みたくなるおたよりを作りましょう。→259ページ

0〜2歳児の発達を知ろう

※発達には個人差があります。この表は目安です。

0か月

3か月

体の発達

運動機能
- 腹ばいで頭を持ち上げる。

- 首がすわり始める。
- 手にふれたものを握り、口に運んでなめて確認する。

食事
- 個人差はあるが、2〜3時間おきに、1日7〜8回ミルクを飲む。

- 授乳間隔が定まり、1日5〜6回の授乳になる。

排泄
- 授乳のたびに排尿があり、おむつが濡れたことを感じて泣く。

心の発達

人間関係
- 眠っているときに、微笑んでいるような表情を浮かべることがある（自発的微笑）。
- 空腹など不快な状況を、泣くことで周囲の人に知らせる。

- あやされたことに反応して笑う、社会的微笑が始まる。
- 人の識別ができ、特定の人からの関わりに、声を発して反応する。
- 「いないいないばあ」や「たかいたかい」などの関わりを楽しむ。

あそび
- 動くものを目で追う、音のするほうを向く。

- ガラガラなどを持たせると、しばらく持っていられる。
- 自分の手をじっと見る（ハンドリガード）。

発達を押さえた関わり

愛着関係を育む

　授乳・おむつ交換・入眠などの日常生活の関わりの中で、抱っこされたり、話しかけられたり、あやされたりする経験を繰り返すうちに、その心地よさを感じていきます。欲求や不快を泣くことで表したり、心地よさを微笑みで表したりする子どもに、保育者が応答的に関わることで愛着関係は育まれます。不快を表したあとに、気持ちのよい感覚が味わえるよう、言葉をかけたり抱っこしたりします。

6か月

- 寝返りができ始める。
- うつぶせの姿勢で体をささえることができる。

- スプーンで湯冷ましなどを飲めるようになる。
- だ液腺が発達し、よだれが多くなる。

- 睡眠のパターンに昼夜の区別がつくようになると、睡眠中の排尿が減り、起きているときの排尿の回数が増える。

- うつぶせからあお向けなど、姿勢をかえることができる。
- 両手でささえながらおすわりができる。

- 下の歯が生え始め、離乳食が始まる。

- おなかを床につけ、腕で進む「ずりばい」ができる。
- おすわりが安定し、座りながら物をつかんだりする。

- 特定の人に対して笑顔を見せるが、見慣れない人の顔はじっと見る。

- 人見知りが始まる。
- 自分から相手を呼ぶような声を出す。
- 親しい大人が手を差し伸べると、喜んで体をあずける。

- そばにいた人がいなくなると泣く。
- 喃語（なんご）で大人とやり取りをする。
- 「不快」が「怒り」や「嫌悪」、「恐れ」に分かれていく。

- 自発的に手を伸ばして物をつかみ、ふれてあそぶ。
- 手や物を口に運び、なめて確認する。

- 模倣あそびを楽しむようになる。
- 手でつかんだり引っ張ったり、つかんだ物を離したりする。

- ずりばいで、興味のあるところへ行く、ほしい物をつかむ。

人見知り

　知らない人が近づいてきたり、抱っこしようとしたりすると嫌がる姿を見せる、人見知りが見られる時期です。知っている人と知らない人を見分ける力が備わり、家族や特定の保育者など「安心できる人」と愛着関係を築く一方で、「安心できるかどうかわからない人」に対する不安が生じます。保育者は「大丈夫よ」「○○さんだね」などと伝え、温かな表情で対応します。

社会的参照（しゃかいてきさんしょう）

　初めての人や場所、初めての玩具など、初めての場面において、子どもは大人の表情や発話の雰囲気から、大丈夫なのかどうかを確認します。初めて保育園に登園する日など、保護者の不安が子どもに伝わらないよう、保育者と保護者が和やかな雰囲気をつくり出すと良いでしょう。

体の発達

運動機能

- 両手とひざを床につけた「四つんばい」ができる。

- つかまり立ち、つたい歩きが始まる。
- 座位からつかまり立ちへ、立位から座位へなど、姿勢変換ができる。

- 物をつまむ、のせる、入れる、くっつける、相手に渡すことができる。

食事

- 上の前歯が生え、口を上下に動かして食べる。

排泄

- おしっこの回数が1日10～15回くらいになる。

- 尿が膀胱にたまった感覚を感じられるようになり、声を出して知らせたりする。

心の発達

人間関係

- 個人差はあるが、人見知り、後追いが激しくなる。
- 声を出して大人を呼ぶ。

- 欲しいものがあると声を出し、手や指を向けて示す。
- 禁止やほめられた言葉がわかる。
- 大人の言葉をまねする。

- あそんでいたおもちゃを取られると、泣く。
- 「○○したい」など欲求はあるが、言葉では伝えられず、理解してもらえなくて歯がゆい思いをすることがある。

あそび

- 読み聞かせに興味をもつ。

- 一人で座っておもちゃを手に持ってあそぶ。

- スイッチやボタンなど、押すと変化が生じることに気づき、繰り返し楽しむ。
- 「ばんざい」や「バイバイ」など、言葉と結びつけながら大人の動きを見てまねる。

発達を押さえた関わり

後追い（あとおい）

　大好きな人の姿が見えないと不安を感じて泣いたり、追いかけていこうとしたりする「後追い」が見られます。複数の子どもを担当している保育園では、食事のしたくや着替えなど、順番に対応していくこともあるでしょう。「待っててね」「○○持ってくるからね」「すぐに戻るよ」など、安心感を与えるような声を、具体的にかけます。

探索行動（たんさくこうどう）

　はいはいができるようになると、自分の行きたいところへ自分の力で行くことができ、探索範囲が広がります。安全に配慮しながらも、興味・関心をひき、おもしろさや不思議さのある環境が求められます。例えば、なだらかな斜面や段差、くぐることのできるトンネルや隠れる場所などは、子どもの能動性の発揮も促します。

1歳

- 自力で床から立ち上がることができる。

- 一人歩きが始まる。
- 親指と人差し指で物をつまむ。

- 物を持ったまま立ち上がる。
- ひものついた玩具を引っ張りながら歩く。

- 手づかみで食べることができ、自分で食べる。

- やわらかい物をかみ切るようになる。

- 好き嫌いがでてくる。

- 排泄のときにいきんだり、排尿のときに立ち止まったりする。

- 声や身振りを用いて、意思表示をする。
- 得意がる、照れる、可愛がるなどの感情を示す。

- 初めての言葉（初語）が出る。
- 友達に関心を持ち始める。
- 指差しなどを用いて大人と物を共有する（三項関係）。

- 「いや」と言うようになる。
- 大人からの言葉による簡単な指示が理解できる。

- 積み木をつかむ、並べるなどしてあそぶ。

- 歩くことを楽しみ、押し車などを使って歩きながらあそぶ。

- 曲に合わせて体を揺らす。
- 絵本に興味をもち、めくったりする。

三項関係（指差し、共同注意）

　言葉で要求を表すことができない子どもにとって、指差しは要求を伝える重要な手段です。子どもの興味を共感的に受け止め、言葉を添えることで、物と言葉、言葉と意味がつながっていきます。子どもと目線を合わせ、同じ物を共有するときに、子どもの感じている世界に言葉を添えるようにしましょう。

言葉

　初めての言葉が出る時期は、喃語を使った表現から、単語ひとつで言いたいことを表す「一語文」の時期に差し掛かります。子どもの発話に応じて言いたいことを繰り返したり、例えば「チョウチョウ」という発話に対して「チョウチョウね、飛んでるね」など子どもが伝えたいことを言葉にしたりして、ていねいに対応しましょう。

1歳3か月

体の発達

運動機能

- 一人歩きが安定する。
- 車のおもちゃを手で動かす。

- 階段をはいはいで上がり下がりする。

- 物や道具を操ることができるようになり、クレヨンを打ちつけてなぐり描きをする、積み木を2〜3個積み上げるなどする。

食事

- コップで飲めるようになる。

- スプーンで食べることができるが、うまくすくえないこともある。

排泄

- 排尿の感覚がわかり、排尿したことや排尿したいことをしぐさや言葉で伝えることがある。

心の発達

人間関係

- 自我が芽生え始め、自己主張が強くなる。
- 簡単な問いかけに答えられる。

- ほめられると同じことを繰り返す。
- 「自分のもの」という意識が生まれる。
- 大人の言葉をまねする。

- 感情が発達し、気持ちをストレートに伝える。

あそび

- すべり台など大型遊具であそぶ。
- シール貼りなど、親指と人差し指でつまんで貼る。

- ボールを投げたり、蹴ったりし、それを追いかける。

- 型はめ、積み木、穴にボールや棒を入れる遊びなど、一人あそびをする。

発達を押さえた関わり

自我の芽生え

　自己主張が激しくなり、「自分で」「ヤダ」が多くなり、自分で何でもしたがるようになります。やりたい気持ちはあっても、体の機能が追いついていないなど、もどかしさを味わってイライラすることもあります。「もっとやりたいね」「自分でしたいのね」と、子どもの気持ちを受け止め、選択肢を用意する、具体的な解決策を考えるなどします。

「ジブンデ」

　子どもの「ジブンデ」は主体的な自己の表れですが、一方で生活を営む上ではいつもそれが受け入れられるとは限りません。そのような時でも、子どものやりたい気持ちに共感し、できたことは認め、励まし、子どもが自分で決めた責任を感じられるようにしましょう。

1歳6か月

- 小走りができるようになる。
- 手すりを持って1段ずつ階段を上下する。

- 離乳が完了する。
- こぼすこともあるが、スプーンを使って食べられるようになる。

- 排便したいことがわかり、テーブルなどにつかまっていきんだりする。

- 歩行が安定し、方向転換、速度の調整ができる。
- 低い段差から飛び降りる。

- お椀を持って飲む。

- しゃがんだ姿勢のままあそぶことができる。

- 食事の時間になると促されてすわり、準備を待つことができる。

- トイレやおまるに興味をもつ。

- 「自分で」が強くなる。
- 発語数が増え、語尾の抑揚で肯定や疑問を表す。
- 「これ」「あれ」などの指示語や「ちょうだい」などを用いて、欲求を言葉で伝える。

- 見立てるあそびが始まる。

- 思いを言葉で伝えられず「かみつき」が生じることがある。
- 二語文（にごぶん）を用いて会話をする。

- ボールのやりとりができる。
- クレヨンなどを持って点を描いたり、腕を動かして線を描いたりする。

- 大人からの言葉による指示に行動で答える。

- ままごとのような再現あそびをする。
- 絵本の中の簡単な繰り返しの言葉をまねする。

かみつき

　思っていることを言葉で表すことがまだまだ難しい時期には、「おもちゃを取られて嫌だった」「あそびを邪魔された」など、理由を伝えることができずに感情が高まって、かみついてしまうことがあります。かみついた理由を探りつつ、かみついた子、かみつかれた子それぞれの気持ちに寄り添います。また、環境や保育の流れ、それに伴う保育者の動きなど、かみつきを防ぐことができる配慮を考えてみましょう。

見立てるあそび

　ダンボールを電車や車に見立ててあそぶなど、見立てるあそびができるようになります。これは、目の前にないものでも、過去の経験の記憶や、想像力を働かせて再現してあそんでいるのです。子どものイメージが広がるようなシンプルな積み木や空き箱などをまず用意してみます。

2歳前半

体の発達

運動機能

● 歩行が完成し、歩いたり走ったりして動き回れる。

● 階段を一段ずつ上り下りできる。

● 速い・遅い、強い・弱い、高い・低いなどがわかり始め、動きを調整するようになる。

食事

● 乳歯が生えそろう。

● スプーンやフォークを使って食べる。

● 苦手な食材を嫌がる。

排泄

● 尿意を感じて伝えたり、トイレまで我慢したりなど、コントロールできるようになる。

● おしっこの回数は1日に7～9回、うんちは1日に1～2回になる。

心の発達

人間関係

● 第一次反抗期（イヤイヤ期）が表れる。

● 「見てて」と言うことが多くなる。

● 他者の表情（笑っている、泣いているなど）を理解する。

● 自尊心が芽生え始める。

● 自分の物、友達の物がわかる。

● 「こんにちは」「さようなら」など簡単なあいさつをする。

あそび

● 保育者や友達と人形のお世話やままごとをする。

● 指先の機能が発達し、ひも通しや型はめなどをする。

● 手あそびを楽しむ。

● 簡単なルールの鬼ごっこのようなあそびを楽しむ。

● 友達といっしょにいて同じようなあそびをしていても、ほとんど関わることなく一人であそぶ（並行あそび）。

発達を押さえた関わり

自我の拡大（イヤイヤ期）

「これがやりたかったのよね」「こっちが欲しかったんだよね」など、子どもの思いを受け止めます。繰り返し関わることで、「受け止められ、受け止める」心地よさから、他者を受け入れる自分を構築し始めます。その場しのぎの「受け流す」ではなく「受け止める」関わりをもちましょう。また、子どもも自分の欲求が理解してもらえないとイライラし、そのうちに混乱して元々の欲求がわからなくなる場合も。思い切って場面を切り替えることで、気分が変わることもあります。

「見てて」

子どもの「見てて」には、例えば階段を上手に上れるところを見てもらって「ほめられたい」と期待している場面もあれば、平均台を渡るような際に「ちょっと怖いから近くにいてほしい」と不安になっている場面もあります。どちらも「先生は見てるよ」が伝わる声をかけていきます。

2歳後半

- 片足立ち、横歩き、後ろ歩き、つま先立ちなどができる。

- ジャンプや、片足飛び（ケンパ）をする。

- 食欲のむら、食事中のおしゃべりなどが見られることもある。

- 箸への興味が出てくる。

- 朝や午睡のあとなど、おむつが濡れていないことがある。

3歳

- 基本的な運動能力が身につく。

- 自分でトイレに行って排泄できるようになり、おむつが取れる（個人差がある）。

- 友達の名前を呼んだりし、いっしょにあそびたい気持ちが高まる。

- 経験したことを話そうとする。
- 相手に自分の要求を言葉で伝えられるようになってくる。
- ルールや決まりを意識するようになる。

- 物を貸し借りしたり、順番で使ったりすることができる。
- 特に好きな大人など、人の役に立つことを喜ぶ。

- 三輪車などに興味をもち乗ろうとする。
- 指先が発達し、はさみでの1回切り、のりを使って紙を貼るなどができるようになる。

- 砂場など感覚的なあそびを楽しむ。
- 粘土で見立てて何かを作る。

- 絵本やアニメの主人公になりきってあそぶ。
- 簡単なルールやストーリーのあるあそびを楽しむ。
- 友達と関わってあそぶこともできるが、一人のあそびも楽しむ。

自己と他者の違い

　自分と友達がやりたいことが違ってトラブルになることもあります。自分と他者が異なる欲求や感情を抱くことを、「○○ちゃんはこっちがよかったんだって」など、言葉で説明しましょう。他者の意図や感情を想像する力の育ちにつながっていきます。

「貸して」

　友達との関わりが増えてくると、物を共有する必要が生じたりします。「貸して」に対してすぐに貸すことが難しい場合もありますが、「○○ちゃんも使いたいんだって」など思いを伝えるとともに、貸すことができたらその姿を認めることで、子どもが「こうなりたい自分」に近づけるようにします。

2歳児の ケア & 生活

着脱でも食事でも、できることがどんどん増えていく2歳児。やりたい意欲を認めながら、一人一人と向き合ったケアをしていきます。

環境と関わり

できることが増えてくる

運動能力が高まって、どんどんできることが増えていきます。子どものやりたい意欲を支える環境を整え、あそびの幅も広げていきましょう。

クラス単位の活動が多くなる

基本的な運動能力の高まりとともに、屋外でのあそびも鉄棒やフープ、ボールあそび、三輪車など全身を使うあそびへと広がっていきます。まだ一人あそび、並行（へいこう）あそびが多いものの子ども同士での関わりも増えてきて、クラス単位での活動も増えてきます。友達を意識し始めるとともに、自我の発達によるものの取り合いなど、トラブルも起こるので、一人一人の発達を見ながら全体を見通した対応を心がけましょう。

ベランダで
クラス単位での活動が多くなり、それぞれがやりたいことに取り組む姿が見られます。

お集まり
みんなそろって保育者に注目。これからの活動を聞いています。

落ち着くのを待って、気持ちを
聞きましょう。

イヤー

貸して

取り合いが起きることも。

イヤイヤ期は
永遠には続かない

　自分でやりたかったのに、友達が先にやって
しまった…自我が芽生えてくると、そんな葛藤
がわき起こり、気持ちをコントロールできなく
なります。頭ごなしに注意しても効果はないの
で、子どもに寄り添う姿勢で対処していきます。
気持ちを落ち着かせ、友達との仲立ちをしたり
しましょう。この時期を越えると子どもは精神
的にも大きく成長します。焦らずにサポートし
ていくことが大切です。

check｜イヤイヤ期の対応

● 子どもの気持ちを一度
　受け止め、一歩引いて
　冷静に対処する。

● 「ごはんのあとにお絵か
　きしようか」など、楽し
　い見通しを伝えて気分を
　変える。

仲間を気にしつつ、まだ並行あそびが続きます。

友達といっしょにいる楽しさがわかってきます。

保育者が仲立ちになって、子ども同士をつなげましょう。

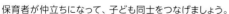

友達の存在を意識する

　並行あそびをしていた子どもが、次第に友達の存在
を意識し、名前を呼び始めます。友達といることに楽
しさを感じているようすが見えてきたら、これまでの
一人あそびの空間を確保しつつ、複数で集まれる場や
あそびを提案するなど、子ども同士の仲立ちをして、
間をつないでいきましょう。

食事

楽しい雰囲気の中でおいしく食べる

自分から積極的に食べるようになる時期。大人の食べ方をまねするようにもなり、こぼす量も減って、一人で食べることができるようになります。

明るくなごやかな雰囲気をつくります。4〜5人のグループごとに座りましょう。

さぁー、そろいましたね

いただきます

食前・食後はみんなであいさつを。

空腹を満たすだけでなく、みんなで食べる雰囲気を楽しみます。

友達のようすを見ながら、楽しい食事時間を過ごします。

友達と刺激し合って

食事のリズムがそろってくるので、グループで座り、落ち着いて食べられるようになります。好き嫌いも出てくる時期ですが、苦手なものを友達が食べているのを見て、食べられるようになることもあります。食の細い子と進む子の席を並べるなど、刺激を受けられる工夫をするのもよいでしょう。

check あそび食べ対策

● 気が散らないように、玩具などを視界から隠す。

● 食事時間は30分ほどとし、子どもが飽きないうちに切り上げる。

● 空腹でないようすが見られたら、午前中の活動量を増やしてみる。

食べこぼしも減って、食べ方
に余裕が出てきます。

両手を使い、こぼさずに食べます。

メニューによってスプーンとフォークを使い分けることもできます。

手指を器用に使えるように

　大人のまねをしながら一人で食事ができるように
なり、だんだんと器用になって食具の扱いも上
手になります。スプーンの持ち方も安定し、はし
を使い始める子もいます。お椀やコップの扱い方
もうまくなり、両手を使ってこぼさず食べる姿が
見られます。

口の周りを拭く

　食べるときのマナーについても少
しずつ伝えていきたい時期です。細
かい動作ができるようになっていま
すので、利き手側に手拭き用タオル
を置いて、口の周りや手を拭くこと
を伝えましょう。口に入れたままお
しゃべりをしない、食器に手を添え
て食べる、残さずに食べるなど、折々
に言葉をかけて伝えていきます。

自分専用のタオルで口の周りや手を拭きます。

たためた

エプロンを自分で外し、使用済み用の箱に入れ
ることもできるようになります。

排泄 🦆 トイレトレーニングがすすむ時期

3歳になるまでには自分でパンツをおろし、トイレで排尿するようになってほしいもの。個々の発達を見ながらトイレトレーニングの時期を探りましょう。

清潔で親しみやすい環境を整え、子どもが行きたくなる空間にします。

自分から トイレに座る子も

個人差はあるものの、尿意を知らせ、自分でトイレに座る子も出てきます。まずは、座る感覚に慣れることが大切なので、失敗があっても「ぬれちゃったね。きれいにしようね」と優しく受け止めます。できたときは「よかったね」とほめて自信につなげます。あそびに夢中になってトイレに行こうとしないときは、「積み木をする前にトイレに行こうね」と次の活動を伝えながら促してみましょう。

「出る」と知らせたとき、「出た」と言えたときは、すかさずほめましょう。

行きたくなるような環境に

いつも清潔に

衛生的に保つのはもちろん、消臭をしたり、明るい装飾をするなど親しめる空間に。

着脱しやすい

トイレの入り口付近に着脱スペースを設けます。季節に応じて室温の管理も。

絵本で導入

排泄の習慣に関わる絵本を導入すると、自分もしてみたい気持に。

トイレトレーニング

① おしっこの間隔があいてくる

2時間

排尿の間隔が2時間以上あき、1回の尿の量が増える。午睡後のおむつがぬれていない、などはトレーニング開始の目安になります。

② トイレに座ってみる

トイレにいこう

午睡の前後やあそんだあとなどの節目の時間に「トイレに行ってみようか」と声をかけ、座るように誘ってみます。次第に自分から行きたがる子も出てきます。

③ 叱らずに、できたことを認める

できたね

トイレに座っても、排泄がいつも成功するとは限りません。立ち上がった瞬間に出してしまうことも。叱らずに「出たね。きれいにしようね」と声をかけましょう。

男の子用の便器は、尿がはねやすいので注意。

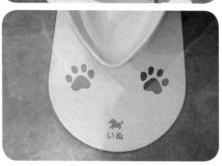

立ち位置がわかるようなシートを敷くのも、わかりやすいです。

男の子への対応を

男の子のほうが排尿の感覚がわかりづらいと言われ、女の子に比べてトイレトレーニングのスタートが遅れる場合があります。最初は座ってすることから慣らし、徐々に立って排尿するようにしましょう。おなかを突き出す動作が難しい場合は、腰に手を添えて援助するとやりやすくなります。

手順を覚え水を流すことも

トイレットペーパーを切る長さ、切り方、たたみ方、拭き方、流し方までを、同じ手順で繰り返していねいに伝えましょう。最初は全部をやって見せます。切ったり、折りたたんだりが難しいときは、慣れるまで保育者が用意して渡します。流す音を怖る、流してしまうことを嫌がる子もいます。子どもの気持ちを察して、「大丈夫だよ」と安心させましょう。

ペーパーを出しすぎないように、ちょうどいい長さも伝えます。

流す

慣れてくると、流すことが楽しくなります。

睡眠 生活リズムが整い、午後1回の午睡に

午睡は午後1回のリズムに安定します。午前中に楽しくあそび、しっかり食事をして満たされた体を、午睡でゆっくり回復させます。

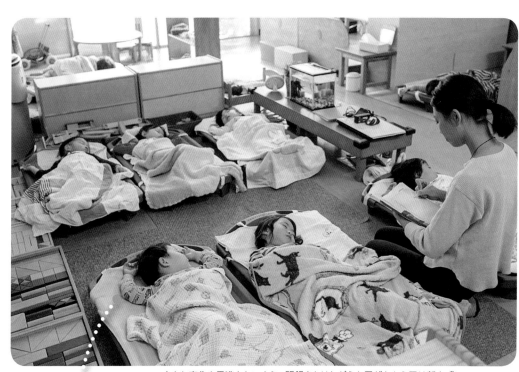

小さな変化を見逃さないよう、記録をとりながらも子どもから目は離さずに。

一人一人のリズムを把握

全員が同じ時間にぐっすり眠れるわけではありません。すぐ眠れて短時間で体力を回復する子もいれば、なかなか寝つけない子、すぐに目が覚めてしまう子などさまざまです。一人一人の睡眠リズムを把握し、援助していきましょう。眠れない子は無理に寝かしつけず、体を休める時間になるように、場所をかえて塗り絵をするなどゆったり過ごせるあそびに誘います。

目が覚めたら

早く目が覚めてしまっても、みんなが起きるまでは保育者と静かに過ごします。

ギューでおやすみ！

「おやすみなさい」の前に抱っこされて、安心します。

寝る前のルーティンを決める

　午睡前にはトイレを済ませ（おむつ交換）→静かに読み聞かせをしたあと→布団に入る。などのルーティンを決めると、心の準備ができて自然に入眠できるようになります。寝つくまでに時間がかかる子には寄り添って、静かに語りかけたり、トントンと優しく体にふれたりして、ゆったりした雰囲気をつくります。

「ハイ、タッチ！ じゃあ寝ようね」

起きた子がいたら場所をかえ、いっしょに静かに過ごします。

午睡をとるために

しっかり食べて体を動かすと、心と体が満たされて、心地よく休息をとることができます。
寝つけない日が続く子がいたら、家庭での起床・就寝時間や生活習慣を見直してもらいましょう。

たくさんあそぶ 午前中、全身を使って元気にあそんだり、散歩に出るようにしましょう。

よく食べて 楽しくおいしく、しっかり食事をします。

着脱

「自分でできる」の意欲が高まる

身体機能が発達してできることが増え、着脱も「自分でやる」と主張することが多くなります。家庭と連携し、着脱しやすい衣服や環境を整えましょう。

前後を確かめて、Tシャツを自分で着ます。

できない部分だけ援助する

多少時間がかかっても、やりたい気持ちを優先させて、子どもの着脱を見守ります。できたらほめて、うまくいかないときは援助します。手伝おうとすると嫌がることもある反面、「できない」「やって」と甘えを見せることもあります。子どもの気持ちを受け止めながら対応していきます。

できないところをフォロー

先回りして援助せずに、子どもができないところだけ、さりげなくフォローします。

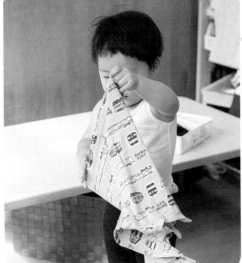

自分で考えているときは、そばで見守ります。

足が出たとき、腕が出たときは「できたね！」の声かけを。

帽子を自分でフックにかけます。

自分でやりたい気持ちを尊重

やりたい気持ちをもつことで、子どもは少しずつ着替えの自立に向かっていきます。保育者は服の前後の目印を知らせたり、着やすい向きにセットしたり、家庭と連携して着脱しやすい衣類を用意するなど、自立を応援する環境を整えていきましょう。「見ててね」と、できるところを見せたがることもあります。「できたね！」と声をかけてほめ、達成感をもたせましょう。

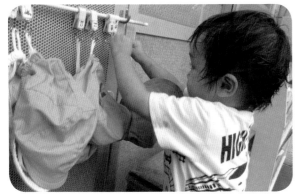

衣服を自分専用のケースに片づけることも、できるようになってきます。

脱いだ服をたたもうとする姿も見られます。

片づけやたたみ方にもトライ

衣服の片づけやたたむことにも少しずつ関心が向くようにしましょう。きちんとできなくても楽しみながら取り組むことが必要です。たたむという行為は、達成感を得ることができるので、子どものやる気も高まります。たたみ方が保育者によって違うと混乱するので、統一しておきましょう。

子どもが自分から手洗いする

外あそびや食事のあとに手洗いをする理由がわかってきて、自分でやろうとし始めます。正しいやり方を伝え、必要に応じてさりげなく援助しましょう。

手のひらだけでなく、汚れた腕までしっかり洗います。

手洗い 自分からやりたい気持ちをもつ

　自分でやりたい気持ちが芽生えたら、手の洗い方をわかりやすく伝えます。水道から水を出すときは「水は指くらいの太さだよ」など、具体的な言葉で表現します。洗ったあと手の水を切り、タオルで拭くまでの一連の動作を1セットで覚えられるようにしましょう。

自分用のタオルがわかり、しっかり水気をぬぐいます。

洗面台の脇のタオルかけ。湿ったタオルはこまめに交換します。

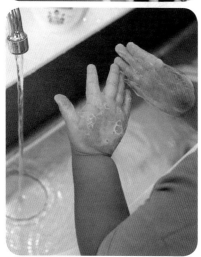

手洗い 石けん 石けんでしっかり洗おうね

そでをまくり、水量を調整し、石けんをつけて泡立てます。手のひら、甲、指の間や爪の間、手首までしっかり洗えているか保育者がチェック。洗い残しがあったら、うしろから手を包むようにしていっしょに洗います。石けんで洗うとばい菌をやっつけられることなどを、絵本などで伝えるのもいいですね。

順番を待つ

外あそびから帰ったときや、食事の前など、みんなで並んで待ちます。

「並ぼう！」

手洗い

「洗い残しはないかな?」。しっかりチェックします。

check 手洗い場

- 洗い場周りの水滴はもちろん、床もこまめに拭いて、スリップを防止します。

- 使いやすい石けんを用意。プッシュタイプは出しすぎ防止にテープなどを巻きます。

- 近くにタオルを用意。感染症の流行する時期はペーパータオルで予防します。

鼻かみ 一人で鼻をかめるように

きれいにすると気持ちいいことがわかってくると、鼻も自分でかみたがるようになってきます。興味を示し始めたら、手の届くところにティッシュペーパーを置くようにします。両方の鼻の穴から息を出すと鼓膜が傷つくこともあるので、片方の鼻を押さえ、もう片方から「フン」と空気を出すように、手本を見せながらていねいに教えます。

強くかみすぎたり、こすったりしないように、見守ります。

「鼻水が出てるよ。かんでみよう」と声をかけます。

「おはなでてるよ」

食後には口元を拭く習慣もつけましょう。

0.1.2歳児 保育のキホン

この時期、「最も大切なこと」って何ですか？

愛着関係を形成することでその子らしさを発揮する

家庭から園へ来た子どもは、どんなに幼くても環境の変化を敏感に察知し、抱かれ方や耳に入る音の違いも感じ取っています。そんな子どもに、まずここは安心できる場所だということ、そして「あなたに会えて、保育をすることができてうれしい」と思っている私（保育者）がいることを全身で伝え、心地よく過ごせるように関わることがまず大切です。

信頼関係を十分に築いたら、子どもはのびのびと自己を発揮し、身近なものに働きかけたり、要求を声や表情や行動で表したりするでしょう。その思いを受け止め、よりよい育ちのために援助を続けることが私たちの仕事です。

禁止したり我慢させたりすることは避け、子どものエネルギーをよい方向へ意味のある出し方ができるように、一人一人を導く必要があります。

●愛着関係の築き

すぐそばに安心できる人がいる
＝基本的信頼感

生きる力 と
豊かな心 を
育む

自分は無条件に愛されている
＝自己肯定感の育ち

「養護」と「教育」といいますが、どう考えればいいですか？

「養護」と「教育」は一体で展開されていくもの

「養護」とは、子どもの生命の保持及び情緒の安定を図るために保育者が行う援助や関わりです。快適にそして健康で安全に過ごせるように配慮します。また自分を肯定する気持ちが育まれるような関わりが大切で、自分で考えて自分で行動するという主体性を培うことが求められます。

「教育」とは、子どもが健やかに成長し、その活動がより豊かに展開されるための発達の援助です。保育所保育指針や幼保連携型認定こども園教育・保育要領では、「保育の内容」の「ねらい及び内容」として教育に関わる側面からの視点が示されています。

けれども実際の保育においては、0、1、2歳児の保育も3歳以上児と同様に、養護及び教育を一体

的に行う必要があります。これは、「養護」か「教育」かと線引きすることに意味はありません。「教育」のねらいが何を指しているのかをよく理解し、それらの言葉を使って子どもの育ちを語ったり、計画の中に入れたりできればよいのです。

子どもに必要な経験を言葉で示せるか

ただ目の前の子どものお世話をしているだけでは、「教育」していることにはなりません。その子のよりよい発達のために、保育者は何を目指してどのような援助を心がけているかを言葉で示す必要があります。5領域の中でどの側面なのか、どのようなねらいなのか、短期の指導計画にきちんと記し、評価や記録の中にも具体的に子どもの姿と共に省察されていることが求められます。

● 「養護」と「教育」の関わり

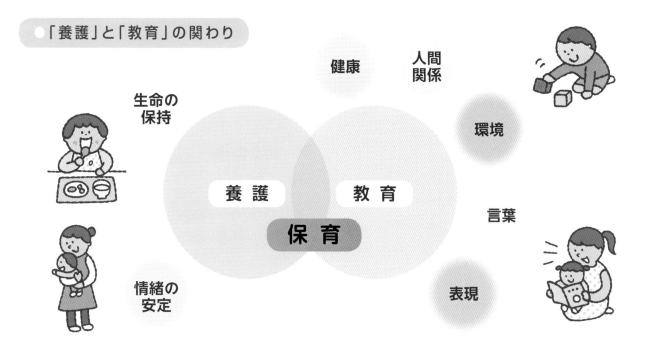

この時期の「環境構成の基本」は？

人的環境、物的環境そして温かな雰囲気を

　保育者や友達などの人的環境、施設や遊具などの物的環境、また四季の自然やお正月、オリンピックなどの社会の事象なども大切な環境です。十分な運動スペースや誤飲などの事故が起こらない安全な環境は、0、1、2歳児の保育において特に留意する必要があるでしょう。さらに子どもを急かすことのない、ゆったりとした時間を確保することも大事な環境です。

　それから、いつも保育室に泣き叫ぶ声が響くことは、子どもを不安にさせます。場の雰囲気も環境のひとつとして捉え、その場にふさわしい空気をつくりましょう。ここで子どもはどんな気持ちになるかを、常に考える必要があります。

●自分から探索できる場

子どもが自ら関わり、五感を通して探索行動ができるよう、興味・関心がもてるものを近くに置いて見守ります。

●安全の確保

これはやめておこう

指や頭をつっこんで抜けなくなる、なめた際に有害物質が体内に入る、誤飲で喉を詰まらせるなどの事故がないように整えます。

●温かな親しみとくつろぎの場

快適な空間で自分のしたいことができ、安心して寝転がることもできる場です。信頼できる保育者がいつも見守ります。

●人との関わりを楽しむ場

いってらっしゃい

同年齢の子どもや異年齢の子ども、地域の方などいろいろな人と出会い、関わることは楽しいと経験できます。

子どもをどういう視点で見ればいいのでしょうか?

０歳児は身体的、社会的、精神的な発達を見る

　０歳児は、「健やかに伸び伸びと育つ」という身体的に関する視点、「身近な人と気持ちが通じ合う」という社会的発達に関する視点、「身近なものと関わり感性が育つ」という精神的な発達に関する視点で捉える必要があります。

　ありのままの子どもの姿を受け止め、愛情豊かに応答的に接し、生理的・心理的要求を満たし、心地よく生活できるように支えながら、どのような反応をしたかを記録し、ほかの保育者と発達の見取りを共有します。

１、２歳児は５領域の視点

　１、２歳児は運動機能が発達し、さまざまなことが自分でできるようになる時期です。昨日できなかったことが今日できるようになることもあります。その反面、個々によって発達は異なるので、その子のペースに合わせて気長につきあい、見守ったり仲介したりする必要もあります。

　この子は今、５領域のどこに興味・関心があるのかを捉え、子どもの姿を事実で書き留めておきます。また、「10の姿」の芽も見え隠れしているはずです。

●乳児(０歳児)３つの視点

- 健やかに伸び伸びと育つ
- 身近な人と気持ちが通じ合う
- 身近なものと関わり感性が育つ

●１歳以上３歳未満児 ５領域

- 健康
- 人間関係
- 環境
- 言葉
- 表現

●幼児期の終わりまでに育ってほしい姿「10の姿」

- 健康な心と体(健康)
- 自立心(人間関係)
- 協同性(人間関係)
- 道徳性・規範意識の芽生え(人間関係)
- 社会生活との関わり(人間関係)
- 思考力の芽生え(環境)
- 自然との関わり・生命尊重(環境)
- 数量や図形、標識や文字などへの関心・感覚(環境)
- 言葉による伝え合い(言葉)
- 豊かな感性と表現(表現)

「指導計画」の立て方

よりよい「指導計画」のためには どうすればいいですか？

目の前の子どもの姿を 読み取る

まずは、目の前のありのままの子どもの姿を捉えましょう。何に興味をもっているのか、次に発達するところはどこなのか、その発達のために保育者は何を準備すればよいのかを考えて計画を立てます。

④ 改善する

次の計画を立てる際、どこをどのように変えれば、より子どもの育ちにつながるかを考えます。考え続けることが保育者としての成長に直結します。

① 計画する

0, 1, 2歳児の発達に必要な経験を、どのように積み上げるか考えます。「ねらい」「内容」を決め、無理のない計画を楽しく立てましょう。

Plan

Action　保 育　Do

Check

③ 評価する

実践した保育の中で、どこにどのような子どもの育ちがあったのかを導き出します。そして「援助はもっとこうするべきだった」など、振り返って検証します。

② 実践する

計画通りに行うことが大事なのではありません。その場の子どもに応じた、必要な経験ができるよう計画を臨機応変に変更することも必要です。

各項目に何を書くのか教えてください。

❀ 「次はこんな姿を見せるだろう」を思い描く

子どもは精一杯の生を輝かせて、今を生きています。次にはこの方向へ成長すると見通し実現できるように、その助けになることを考えて書きます。

① 現在の「子どもの姿」を捉える

「育ち」の事実を、整理して考える

まず、現在の子どものようすを知ることから始めます。子どもが何に興味をもち、何を楽しんでいるかを捉えます。計画を立てる際は、していたことを羅列するのではなく、子どもがどこまで育っているのかがわかる姿を事実として書きます。また、どんなときにどんな行動をとるかも記しましょう。「ねらい」の根拠となります。

② "育ってほしい姿"＝「ねらい」を考える

子どもの中に育てたいものを考える

「ねらい」には、保育者が子どもの中に育つもの、育てたいものを、子どもを主語にして記します。「子どもの姿」や年、期、月の「ねらい」を踏まえて導き出しましょう。このような姿が見られるといいな、という保育者の願いをいくつか書いてみると、「ねらい」にしたくなる文が出てきます。

❸ 「ねらい」を具体化して「内容」を考える

育ちのための、具体的に経験させたいこと

　「ねらい」を立てたら、次にどのような経験をすれ
ばその「ねらい」に子どもが近づけるかを考えます。
この「ねらい」に近づくために子どもに経験させた
いことが「内容」です。具体的に、日々の生活の中
でこのような経験をさせたい、ということをあげます。
これも、子どもを主語にして書きましょう。

❹ 「内容」を経験できる「環境」の準備を考える

ここに
机を出そう

試したくなるような環境を準備する

　「内容」にあげたことを、子どもが経験できるよう
に環境を整えます。主体的に行動できるような物
的環境をつくりましょう。遊具は何をどのくらい出
しておくか、手ざわりの違いを味わわせるには何が
適当か、散歩はどこへ行き、何を見て何とふれあう
かなど具体的に考えます。

❺ 「予想される子どもの姿」はあらゆる姿を想定する

「子どもはきっとこう動く」を予想する

　環境設定をしたところへ子どもが来た際、どのよ
うな動きをするか予想します。また友達に手が出
たり、かみついたりする場合は、イライラがたまら
ないように、その子の好きなあそびが十分にできる
ような想定を中心にすえます。

じ〜っ

❻ 「保育者の援助」でどうサポートするかを考える

はい

いれて〜

子どもの何に配慮するか考える

　子どもが「ねらい」に近づくように、「内容」で書い
た事柄が経験できるための援助を考えます。「予想
される子どもの姿」でマイナスな姿が予想される場
合は、対策を考えて書いておきます。「〜の子には〜
する」とさまざまな想定をしておくと、援助の幅が
広がります。

「指導計画」の書き方の注意点を教えてください。

指導計画を書く際に気をつけたい、6つのポイントを紹介します。

❶ 現在形で書く

指導計画は、明日のこと、一週間先のことなど、未来に起こることを想定して書くものです。けれども、文章は「〜するだろう」という未来形ではなく、「〜する」という現在形で書きます。「〜している」「〜していく」という現在進行形にもなりがちですが、文章が長くなるので、避けた方がすっきり読めます。

✕ 色水あそびやシャボン玉あそびを楽しむだろう。

○ 色水あそびやシャボン玉あそびを楽しむ。

❷ 子どものリアルな姿を書く

指導計画を書いている本人は、いつも子どもと接し近くで見ているので、具体的なようすがわかりますが、主任や園長など、毎日接していない人には、どういう姿のことを指して記述しているのかイメージできないことがあります。子どものようすがリアルに思い浮かべられるような、具体的でくわしい記述を心がけましょう。

✕ 保育室でのびのびと好きなあそびを楽しんでいる。

○ ままごとで、野菜のおもちゃをなべに入れて、料理することを楽しんでいる。

❸ 「〜させる」を控える

成長を促すために、さまざまな経験をさせたいと保育者は願いますが、「〜させる」という文が多いと、保育者が指示をして、子どもは従わされているような印象になります。「〜するよう促す」や「〜できるように配慮する」など、主体的に行動する子どもを保育者がサポートするニュアンスを大切にしましょう。

✕ 水や泥の感触を味わわせる。

○ 水や泥の感触を味わえるようにする。

❹ 「〜してあげる」を控える

保育者は子どもにさまざまな援助をしますが、それを、「〜してあげている」と思っているようでは困ります。子どものために保育をするのが保育者の仕事ですから、恩着せがましい表現をするのではなく、どちらかというと、「保育させていただいている」という謙虚な気持ちで書きましょう。

✕ 汗をかいたら拭いてあげる。

○ 汗をかいたらタオルで拭く。

❺ 「まだ〜できない」視点で見ない

子どもは常に成長の過程にいます。「まだ〜できない」とできていないことに着目しないで、「ここまで発達したところだ」とできていることに着目し、育ちを肯定的に捉えましょう。そして、次の課題に向かおうとする子どもを温かい目で見つめ、立ち向かえるように陰ながら応援するのです。

✕ 気に入った遊具であそぶが、長続きしない。

○ いろいろなあそびに興味があり、少しずつ試している。

❻ 同じ言葉を繰り返さない

子どものようすや状況を細かく説明しようとするあまり、同じような表現が続くと、ワンパターンな記述になってしまう場合があります。一文の中だけではなくそのあとに続く文にも、同じ言葉を2回以上は使わないように心がけ、子どものようすを別の言葉でていねいに伝えましょう。

✕ 積極的に自分からトイレへ行き、自分で積極的にパンツを脱いで便座に座る。

○ 積極的に自分からトイレへ行き、下着も脱いで便座に座る。

技法別 製作あそび 取り組み方のヒント

製作あそびで手先を細かく動かしたりイメージを表現したりする力が伸びます。はさみやのりなどの道具を使う、自分で選ぶなどの活動を取り入れましょう。

基本の準備

スタンプ台

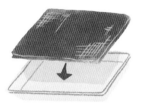

たんぽなどには、食品トレーに絵の具をしみこませたガーゼやキッチンペーパーを置いてスタンプ台を準備します。

ぬれタオル

活動後すぐに、手や足についた絵の具をふきとれるよう、ぬれタオルを用意します。

紙の設置

紙を机や床にマスキングテープで貼っておくと、製作中に紙がずれるのを防げます。

たんぽ

目安やイメージのヒントが大切

- 丸めたガーゼや綿を別のガーゼにのせて包み、持ち手をはさんで輪ゴムでとめ、たんぽを作る。

- 持ち手は、巻いて筒状にした片ダンボールや乳酸菌飲料などの容器で作ると持ちやすい。

- 台紙にたんぽを押す目安や、イメージが広がるヒントを描いておく。

はさみで切る

"チョキン"と1回切りから始める

- 安全な使い方（持ったまま動き回らない、人に刃を向けないなど）について話し、約束を守って使う。

- 1回で切れる幅の紙を用意し、最初は切り落とす感覚を楽しみ、はさみの扱いに慣れる。

スタンプ

複数の種類の
スタンプを
用意する

- 選べることが製作意欲につながるので、形の違う
  スタンプを準備し、個性が出るようにする。
- 台紙の下に、新聞紙や布を敷いておくと、スタン
  プの形がきれいに写る。

のりで貼る

のりの感覚に
慣れることが
大切

- 指につけるのりの適量を実演して知らせ、1点つ
  けて貼るところから始める。
- のりは使う分だけを保育者が出しておくと、取り
  組みやすい。

絵の具で描く

絵の具の
配置や器に
配慮する

- 絵の具は利き手側に置き、最初は保育者が筆に
  絵の具をつけて手渡す。
- 絵の具を入れる容器は、ひっくり返りにくいもの
  にする。

破る

扱いやすい
大きさに
切っておく

- 折り紙、新聞紙、包装紙などの紙、スズランテー
  プや紙テープなど、さまざまなものを使って楽し
  む。
- 破りやすい方向があるので、紙の目に留意してあ
  らかじめ切っておく。

染める

試作をして染める時間を
伝える

- 紙の素材と絵の具の濃さによって染まり方が違う
  ため、必ず試作をし「1、2、3と数えてね」と具
  体的に染める時間を伝える。

ひもを通す

穴に通しやすい工夫をする

- 台紙は、穴開けパンチで穴を開けられて、子ども
  がひもを引っ張ってもしなりにくいものを用いる。
- ひもの先端にテープを巻いて、穴に通しやすくし
  ておく。

紙テープのタンポポ

のりを使う製作に挑戦してみましょう。黄色
とオレンジの紙テープを貼ってタンポポに。

材料　色画用紙／紙テープ

道具　のり

ひかる

作り方

紙テープ

貼る

貼る

色画用紙

色画用紙

貼る

名前を書く

型紙
278ページ

CD ROM　seisaku　→　PDF　seisaku44-01

かえで

たんぽで作るナノハナ

保育者がクレヨンで茎を描いておくと、たん
ぽを押す目安になって取り組みやすいです。

材料　画用紙／折り紙／写真

道具　たんぽ／絵の具

作り方

色画用紙　写真

画用紙

クレヨンで
描いておく

絵の具

折り紙

たんぽを押す

型紙
278ページ

CD ROM　seisaku　→　PDF　seisaku44-02

こどもの日

デカルコマニーこいのぼり

切り開いた封筒の片側に、筆で絵の具を落とします。
押さえてから開くと、不思議な模様が登場！

材料　茶封筒／色画用紙／ひも

道具　絵の具／筆

作り方

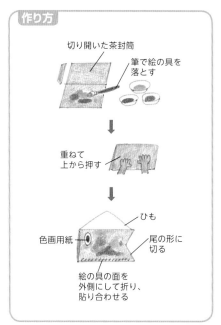

切り開いた茶封筒
筆で絵の具を落とす

重ねて
上から押す

ひも
色画用紙
尾の形に切る

絵の具の面を
外側にして折り、
貼り合わせる

スポンジスタンプ
こいのぼり

こどもの日

手作りスタンプがユニークな模様になります。
クレヨンで目を描いて仕上げましょう。

材料　色画用紙／画用紙／広告紙／紙テープ／たこ糸

道具　スポンジ／絵の具／クレヨン

すずか

作り方

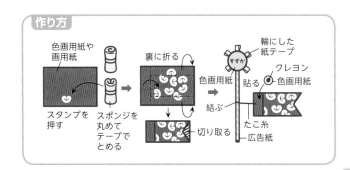

色画用紙や
画用紙

スタンプを
押す

スポンジを
丸めて
テープで
とめる

裏に折る

切り取る

輪にした
紙テープ

すずか

色画用紙

結ぶ

たこ糸

広告紙

クレヨン

貼る

色画用紙

梅雨

アジサイの
掛けかざり

十字形に貼り合わせた色画用紙で
ドーム形を作ります。いろいろな
色の折り紙で配色を楽しみましょう。

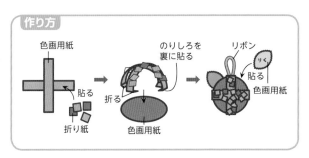

りく

材料　色画用紙／折り紙／
　　　リボン

道具　のり

作り方

色画用紙

貼る

折り紙

折る

色画用紙

のりしろを
裏に貼る

リボン

貼る

色画用紙

型紙
278ページ

CD ROM　seisaku ➡ PDF seisaku46-01

こうたろう

夏　クレヨンで
描く花火

印から外側へと広がるようにクレヨンで描きます。
上から丸く穴を開けた紙を重ねると、花火の完成。

材料　画用紙／色画用紙／シール

道具　クレヨン

作り方

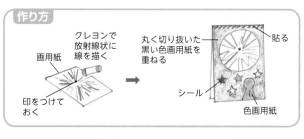

画用紙

クレヨンで
放射線状に
線を描く

印をつけて
おく

丸く切り抜いた
黒い色画用紙を
重ねる

貼る

シール

色画用紙

型紙
278ページ

CD ROM　seisaku ➡ PDF seisaku46-02

型紙 278ページ

染め紙の織姫&彦星

コーヒーフィルターを染めて、着物を作ります。絵の具がにじんだ繊細な模様が七夕かざりにぴったり。

材料 コーヒーフィルター／色画用紙／糸

道具 絵の具

作り方

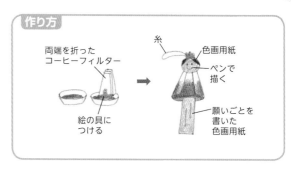

両端を折ったコーヒーフィルター

絵の具につける

糸
色画用紙
ペンで描く
願いごとを書いた色画用紙

型紙 278ページ

CD ROM　seisaku　→　PDF　seisaku47-01

キラキラ折り紙の星かざり

はさみは、1回でチョキンと切ることから始めます。1回で切れる幅の紙を用意しておきましょう。

材料 色画用紙／紙テープ／キラキラ折り紙／ひも

道具 のり／はさみ

作り方

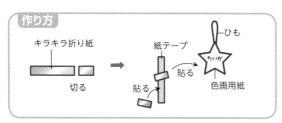

キラキラ折り紙

切る

紙テープ

貼る

ひも
貼る
色画用紙
たいが

型紙 278ページ

CD ROM　seisaku　→　PDF　seisaku47-02

たいが

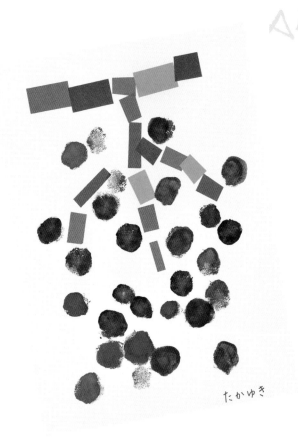

たかゆき

たんぽで実る ブドウ

ブドウの実をイメージして、たんぽを押しやすいよう
最初に折り紙を切り貼りして茎を作るのがポイント。

材料　画用紙／折り紙

道具　はさみ／のり／たんぽ／絵の具

作り方

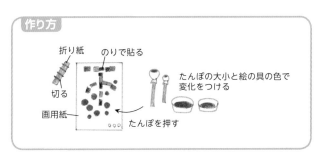

折り紙

のりで貼る

切る

画用紙

たんぽを押す

たんぽの大小と絵の具の色で
変化をつける

ペーパー芯の ひらひらミノムシ

トイレットペーパー芯で、立体的なミノムシに。
ちぎったり切ったりした紙を自由に貼りましょう。

材料　トイレットペーパー芯／画用紙／折り紙／
　　　千代紙／紙テープ／新聞紙

道具　はさみ／のり／クレヨン／ペン

作り方

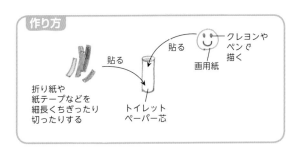

貼る

貼る

クレヨンや
ペンで
描く

画用紙

折り紙や
紙テープなどを
細長くちぎったり
切ったりする

トイレット
ペーパー芯

48

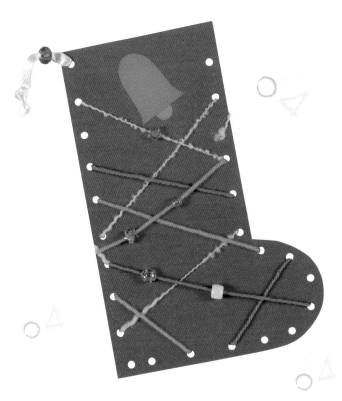

🛷 クリスマス 🎄

ひも通しのブーツ

毛糸を穴から穴へとビーズを入れながら通します。
毛糸の先は、テープでまとめておきましょう。

材料　カラー工作用紙／色画用紙／毛糸／ビーズ／リボン

製作あそび

秋冬

作り方

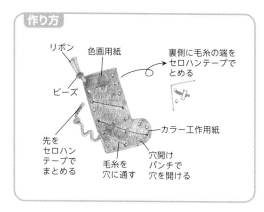

リボン　　色画用紙　　裏側に毛糸の端を
　　　　　　　　　　　セロハンテープで
ビーズ　　　　　　　　とめる

先を
セロハン
テープで　毛糸を　　　穴開け
まとめる　穴に通す　　パンチで　　カラー工作用紙
　　　　　　　　　　　穴を開ける

型紙
279ページ　CD ROM　seisaku → PDF seisaku49-01

冬 カラフル てぶくろ

はさみで1回チョキンと切るのを楽しみましょう。
いろいろな色を用意して、カラフルな作品に。

材料　色画用紙／紙テープ／折り紙／毛糸

道具　はさみ／のり

作り方

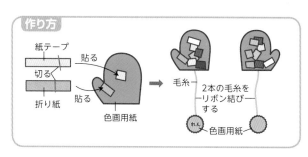

紙テープ
　　　　　　貼る
切る
　　　　　　貼る
折り紙
　　　　色画用紙

毛糸
　　　　　2本の毛糸を
　　　　　リボン結び
　　　　　する
　　　　色画用紙

型紙
279ページ　CD ROM　seisaku → PDF seisaku49-02

49

封筒で作る
おにのお面

封筒の形を生かして、頭にかぶるおにのお面に。
紙テープで作った輪でおにの髪の毛を表現します。

材料　封筒／色画用紙／紙テープ／ゴムひも

道具　のり／ペン

作り方

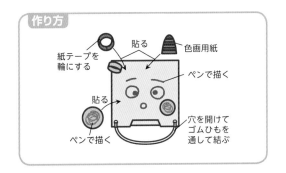

紙テープを
輪にする

貼る　　色画用紙

貼る　　ペンで描く

ペンで描く

穴を開けて
ゴムひもを
通して結ぶ

型紙
279ページ

  seisaku　→　seisaku50-01

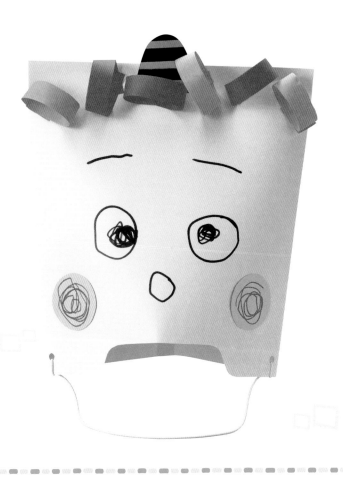

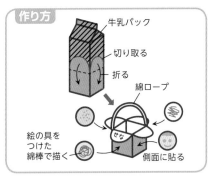

裏

綿棒でお絵かき
豆入れ

牛乳パックの側面に絵をかざった豆入れ。
絵の具をつけた綿棒で自由に描きましょう。

材料　牛乳パック／色画用紙／綿ロープ

道具　綿棒／絵の具

作り方

牛乳パック

切り取る

折る

綿ロープ

絵の具を
つけた
綿棒で描く

側面に貼る

🌸 ひな祭り 🌸

紙皿のおひなさま

絵の具を塗った紙皿をおひなさまの体にします。
はさみで小さく切った折り紙や千代紙で華やか
に。

材料　紙皿／カラー工作用紙／色画用紙／写真／
　　　折り紙／千代紙／マスキングテープ／ひも

道具　筆／絵の具／はさみ／のり

作り方

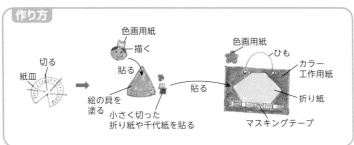

型紙
279ページ

seisaku　　seisaku51-01

🌸 ひな祭り 🌸

ことの

毛糸ぐるぐるおひなさま

ペーパー芯に毛糸を巻きつけるのが楽しい作品。
芯に両面テープを貼っておきましょう。

材料　トイレットペーパー芯／毛糸／カラー工作用紙／色画用
　　　紙／折り紙／キラキラ折り紙／リボン／丸シール

道具　はさみ／のり／両面テープ

作り方

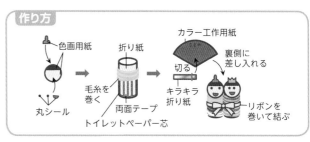

型紙
279ページ

seisaku　　seisaku51-02

壁面かざり 春

園へようこそ！

新生活にぴったりのサクラが印象的な壁面かざりです。厚紙に綿を貼ったものを不織布で包み、ふっくらとしたサクラに。

材料　色画用紙／画用紙／クレープ紙／厚紙／不織布／綿

型紙
280ページ

CD ROM　hekimen　→　hekimen52-01

お弁当おいしいね

お弁当をうれしそうに食べる姿に、春の遠足への期待も高まります。おにぎりや果物は軽量紙粘土で立体的に作ります。

材料　色画用紙／画用紙／軽量紙粘土

型紙
280ページ

CD ROM　hekimen　→　hekimen52-02

イチゴがとれたよ

おいしそうなイチゴに思わず動物たちもニッコリ。綿棒をスタンプとして活用し、点々を打つのが楽しめる作品です。

材料　色画用紙／画用紙／布／モール／綿棒

型紙
281ページ

 hekimen　→　hekimen53-01

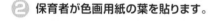

子どもと
作る

壁画かざり

春

子どもの作品

1. 色画用紙に絵の具をつけた綿棒で点を打ちます。

2. 保育者が色画用紙の葉を貼ります。

子どもと
作る

クッキーどうぞ

粘土に綿棒で模様をつけたら、クッキーのできあがり。保育者が粘土に絵の具を練りこんで色をつけておきましょう。

材料　色画用紙／布／軽量紙粘土／綿棒

型紙
281ページ　 hekimen　→　hekimen53-02

子どもの作品

1. 保育者が粘土に絵の具を混ぜて色をつけます。

2. 粘土で形を作り、綿棒で模様をつけます。

夏

雨上がりの虹

お気に入りのレインコートを着て、う
れしそうに虹を見上げる子どもたち。
カラフルな配色で保育室を明るく彩り
ます。

材料 色画用紙／キラキラ折り紙／ひも

型紙
281ページ

CD
ROM　hekimen　hekimen54-01

満開のヒマワリ畑

ヒマワリが並ぶ夏らしい風景が
広がります。ギャザーを寄せなが
らクレープ紙を貼り、花びらの質
感を表現します。

材料 色画用紙／画用紙／クレープ紙
／キラキラテープ／マスキングテ
ープ

型紙
282ページ

CD
ROM　hekimen　hekimen54-02

長靴でかくれんぼ

長靴から顔をのぞかせる動物たちがキュート！ クラフトパンチで抜いた花形の色画用紙と綿棒のスタンプでアジサイを作ります。

材料 色画用紙／画用紙／綿棒

型紙
282ページ

hekimen ➡ hekimen55-01

子どもと
作る

壁画かざり

夏

子どもの作品

① 丸い色画用紙に花形の色画用紙を貼ります。

② ①に絵の具をつけた綿棒で点を打ちます。

子どもと
作る

七夕の願いごと

七夕の夜、織姫と彦星が願いごとを見守ります。折り紙を選べるようにすると、色の組み合わせを楽しめます。

材料 色画用紙／画用紙／折り紙／千代紙／
　　　キラキラ折り紙／片段ボール／カラー
　　　ポリ袋／オーガンジーリボン／たこ糸

型紙
283ページ hekimen ➡ hekimen55-02

子どもの作品

① 折り紙を2枚、三角に折ります。

② 折り紙を重ねて貼り、ペンで顔を描きます。

③ 保育者がたこ糸と願いごとを書いた色画用紙を貼ります。

55

壁面かざり

秋

お月様こんばんは

「きれいなお月様が見える日を十五夜って言うんだよ」と、季節の行事に親しむきっかけになります。

材料 色画用紙／画用紙／厚紙／お花紙／キルト芯／カラーポリ袋

型紙
283ページ

CD ROM　hekimen　hekimen56-01

元気いっぱい運動会

運動会のイメージがふくらむ壁面かざりです。綿ロープに万国旗をあしらうと、運動会の雰囲気たっぷり。

材料 色画用紙／画用紙／綿ロープ／リボン

型紙
284ページ

CD ROM　hekimen　hekimen56-02

ピンクのコスモス畑

秋を代表する花、コスモスを折り紙と丸シールで作ります。背景の色画用紙は、ピンクの濃淡で奥行を出します。

材料　色画用紙／画用紙／折り紙／丸シール

型紙
284ページ

hekimen ➡ hekimen57-01

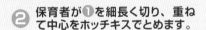

子どもの作品

① 折り紙にペンで描きます。

② 保育者が①を細長く切り、重ねて中心をホッチキスでとめます。

③ 中心に丸シールを貼ります。

子どもと作る

壁画かざり

秋

子どもと作る

秋の実り

色画用紙の上に厚紙の型を重ね、たんぽでポンポンと押します。色画用紙と絵の具の色を選べるようにしましょう。

材料　色画用紙／厚紙／布／フェルト

型紙
285ページ
CD ROM
hekimen ➡ hekimen57-02

子どもの作品

① 色画用紙に丸く穴を開けた厚紙を重ね、上から絵の具をつけたたんぽを押します。

② 保育者が丸切り、色画用紙の葉・軸を貼ります。

壁面かざり 冬

♪ゆきのぺんきやさん

おなじみの冬の歌を壁面かざりにしました。家々を雪景色にしていくペンキやさんたちに歌のイメージが広がります。

材料 色画用紙／画用紙／綿

型紙
285ページ

CD ROM　hekimen　→　hekimen58-01

豆まきでおに退治！

「おには外！　福は内！」という声が聞こえてきそう！　年中行事について子どもに伝えるきっかけになります。

材料 色画用紙／画用紙／キラキラ折り
　　　紙／千代紙

型紙
285ページ

CD ROM　hekimen　→　hekimen58-02

サンタがやってきた！

クリスマスの夜空をサンタが駆け抜けます。ツリーは、偶然できる模様が楽しめるデカルコマニーで作ります。

材料　色画用紙／画用紙／紙テープ／キラキラテープ

型紙
286ページ

 hekimen ➡ hekimen59-01

壁画かざり

冬

 子どもと作る

子どもの作品

① ツリーの形の色画用紙を半分に折ります。

② 色画用紙の片側に絵の具をたらし、二つ折りにしてから開きます。

③ 保育者が色画用紙の星を貼ります。

子どもと作る

ペンギンたちの世界

封筒の形を生かして、ペンギンに。2色のスズランテープを斜めに貼り、氷の世界を表現します。

材料　色画用紙／画用紙／封筒／折り紙／丸シール／ティッシュ／スズランテープ／ビニールテープ

型紙
286ページ　 hekimen　hekimen59-02

子どもの作品

① 保育者が封筒の上部をペンで塗ります。

② 折り紙を破った羽を封筒に貼ります。

③ 丸シールとビニールテープ、紙テープを貼ります。

④ 封筒にティッシュを詰めます。

CD ROM　color → P60

2-P60-01

2-P60-02

2-P60-03

2-P60-04

2-P60-05

2-P60-06

2-P60-07

2-P60-08

2-P60-09

2-P60-10

2-P60-11

2-P60-12

2-P60-13

2-P60-14

2-P60-15

おたよりイラスト 夏

CD ROM color → P61

2-P61-01

2-P61-02

2-P61-03

2-P61-04

2-P61-05

2-P61-06

2-P61-07

2-P61-08

2-P61-09

2-P61-10

2-P61-11

2-P61-12

2-P61-13

2-P61-14

2-P61-15

おたよりイラスト 秋

color → P62

2-P62-01

2-P62-02

2-P62-03

2-P62-04

2-P62-05

うんどうかい

2-P62-06

2-P62-07

2-P62-08

2-P62-09

2-P62-10

2-P62-11

2-P62-12

2-P62-13

2-P62-14

2-P62-15

おたよりイラスト 冬

CD ROM　color → P63

2-P63-01

2-P63-02

2-P63-03

2-P63-04

2-P63-05

2-P63-06

2-P63-07
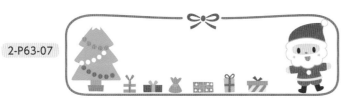

2-P63-08

2-P63-09　2-P63-10

2-P63-11

2-P63-12

2-P63-13
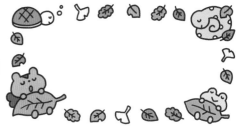

2-P63-14

2-P63-15

63

マーク・メダル

2-P64-01

2-P64-02

2-P64-03

2-P64-04

2-P64-05

2-P64-06

2-P64-07

2-P64-08

2-P64-09

2-P64-10

2-P64-11

2-P64-12

2-P64-13

2-P64-14

2-P64-15

2-P64-16

2-P64-17

2-P64-18

2-P64-19

2-P64-20

2-P64-21

2-P64-22

2-P64-23

今日から
役に立つ!

Part ①

クラスづくり

保育の 見通し	環境構成	保育者の 援助	ねらい・ チェックリスト

あそび	シアター	行事の ことばかけ	絵本

うた 手あそび・ うたあそび	読み取ろう 子どもの 育ち	年度末の 保育の ヒント

第1期 4～6月の 保育の見通し

五感を刺激する
あそびがぴったり！

おだんご作ったよ

シャベル使う？

新しい環境もあそびで楽しく

新たな生活が始まる4月。不安と期待が入り混じった子どもたちにはダイナミックな感触あそびを計画し、自己発揮できるとよいでしょう。

保育の見通し **生活面**

小さなサインを捉え、環境から園に慣れる

新しい環境に戸惑う子どもの小さなサインを見逃さず、一人一人の思いに寄り添いましょう。また、子どもの情報は保育者間で共有し、対応します。

保育の見通し **あそび面**

自分の好きなあそびを見つけられるように

難易度の違う玩具、さまざまな種類のあそびを用意し、自分の好きなあそびを子ども自身が見つけられるようにします。集中してあそべるよう見守っていきましょう。

生活習慣の自立に向けて

　子ども一人一人の発達に着目し、来年3月までに目指したい姿を保育者が明確にもちます。生活の自立に向けた援助を積み重ねましょう。

子ども同士の関わりをサポート

　保育者が仲立ちになりながらも、子ども同士であそぶことが増えます。さり気なく友達とのやりとりを支えましょう。

保育の見通し　人との関わり

コミュニケーションで信頼関係を築こう

　保育者側から子どもとコミュニケーションを深め、他者と言葉を介して関わる楽しさを伝えていきましょう。そのなかで、信頼関係や愛着関係を築いていきます。

保育の見通し　保護者対応

子どものようすを笑顔と共に伝えて

　発達が著しい時期、保護者は不安になりがちです。日中の子どものようすをエピソードを交えて連絡帳や帰りの際に伝えましょう。笑顔で接することが第一です。

保育の見通し　安全面

ていねいに見守り、安全を確保する

　そばで子どものあそびや生活を見守り、愛着を形成する時期ですが、時には少し離れた位置から見守ることも大切。ていねいに見守り、安全を保障します。

生活とあそびを支える

4〜6月の

環境構成

個人のカゴを用意して、脱いだものと着るものの区別がわかる仕切りをつける

着替えたら
ここに
入れるんだよ

安定した生活

"身の回りのことを自分でしたい"という気持ちが出てきたら、脱いだ服を入れるカゴを用意します。子どもが、綺麗なものと汚れたものがわかるように、中に仕切があるとよいでしょう。

高さの合ったいすで自分でズボンをはきたくなる！

「自分でやりたい」というメッセージは、力を伸ばすチャンス。足の裏が着地し、後ろにひっくりかえらないいすと場所を作り、ズボンをはきやすい環境を整えます。

発達を促す

昨年度と同じ玩具で安心！
あそび方を工夫して、新鮮味も

安定した
生活

新しい環境に慣れるだけでも、子どもにとっては大変なこと。年度初めは、1歳児クラスのときの玩具を用意すると安心できます。同じ玩具でもあそび方を変えたり、サイズを変えたりすることで、新鮮な気持ちであそべます。

部屋が替わるだけでもドキドキ。いつもの玩具が安心です。

いつものシャベルがあった、あった！

両手を広げられる
スペースを確保して

経験を
増やす

暖かくなったら泥あそびや砂あそびなど、感触あそびで思い切り発散しましょう。2歳児には、一人一人が両手を広げて存分にあそべるスペースが必要です。十分な場所を確保し、五感を刺激する活動を取り入れます。

みんなでスコップを使って砂あそび。少しずつ会話も広がります。

そばで保育者が見守り、援助します。

4～6月の 保育者の援助

身の回りのことを 「やりたい！」気持ちを大切に

着替えやトイレなどで、「自分でやりたい！」という気持ちが芽生えてきたら、保育者がていねいにやり方を伝え、手を添えてそばで見守りましょう。できないところをそっと援助し、「自分でできた！」という達成感を味わうことができるようにします。

言葉かけの コツ

「ズボン、置いてあるから自分ではいてみる？」「先生、見ててあげるからやってみよう」などと声をかけ、やってみたい気持ちを応援しましょう。自分でできたときはたくさんほめ、次のやってみたい気持ちにつなげます。

水や泥、絵の具で ダイナミックにあそぼう！

さまざまな感覚が敏感になっているこの時期に、ダイナミックな感触あそびで開放的にあそびましょう。水や泥、絵の具などを用いて、まずは保育者が中に入っていっしょにあそび、楽しさを伝えます。

言葉かけの コツ

「見て、おだんごができたよ」「お水でコンクリートに絵が描けるよ！」などと、保育者自身が感触あそびを心から楽しむことで、子どもにもその楽しさが伝わります。

食材に興味をもち、
本物にふれる体験を

食事中に、「これなあに?」と、知りたい気持ちが出てきたら食育のチャンスです。料理をする前の食材に実際にふれ、形や、色、匂いを知り、食への意欲がさらに高まるようにしていきましょう。

言葉かけのコツ

「トマト、おいしかったね。おうちでも食べてみようね」と話し、保護者にもその日の食材について知らせるとよいでしょう。

歩く、走る、跳ぶ…で、
多様な全身運動を!

体を大きく動かすことが好きな2歳児。音楽に合わせて歩いてみたり、ウサギやトリなどの動物に変身してジャンプを楽しんだりと、あそびのなかで歩く、走る、跳ぶの動きを意識しましょう。

言葉かけのコツ

「ウサギさん、ピョン、ピョン、大きくピョーン!」と抑揚をつけて伝え、みんなで行うことで楽しく、全身運動を促しましょう。

やり取りを楽しめるようになってきたら、
二語文をもっと引き出そう!

お花、きれいだね

個人差は大きいものの語彙が増え始める時期です。言葉が文のようになってきたら、さらに「お花、きれいだね」「踊り、楽しいね」と、形容詞をいっしょに伝えていきましょう。子どもたちが伝えたいと思っていることを、保育者が的確に言葉で表すことで、言葉のシャワーとなって子どもに降り注がれます。

言葉かけのコツ

言葉が増えると、会話が豊かになってきます。保育者は「待ってね」「後でね」はできるだけ控え、子どもとの今しかできないコミュニケーションを大切にしたいですね。

4月

チェックリスト

- ☐ 一人一人の気持ちを笑顔で代弁し、安心感がもてるようにする。
- ☐ 近くにいる友達に気づけるように、声をかけながら共にあそぶ。
- ☐ 家庭からの質問や悩みに応じ、心配や不安を和らげる。
- ☐ ケガのないように保育室内の安全を確認する。
- ☐ 落ちつけるコーナーや、わくわくするコーナーなどを整える。

あそび

1対1　見立て

お野菜洗おう

ねらい
* スキンシップあそびを通して、保育者に親しみや安心感をもつ。

\ あそび方 /

① 子どもを抱っこする

「お野菜　洗おう　きれいに　洗おう」と唱えながら、軽くリズムをとります。

② 頭と頬をなでる

「トマトを　キュッ　キュッ　キュッ　キュッ　キュッ」と繰り返し唱えながら、頭のてっぺんから頬をなでます。

③ 腕をこする

「ゴボウを　ゴシゴシ　ゴーシゴシ」と繰り返しながら、子どもの腕を片方ずつ伸ばしながらこすります。

④ 足の上で転がす

「ダイコン　ゴロゴロ　ゴーロゴロ」と繰り返しながら、伸ばした足の上に子どもを横たえて転がします。

 ことばかけ

「泥んこのお野菜を、ピカピカきれいにするよ！　どんなお野菜があるかな？」

保育者の援助

新年度が始まったばかりの４月は緊張や不安を抱えていることが多いもの。１の動作を数回繰り返し、安心感をもたせた上で次の動作に進みましょう。

🐼 **バリエーション**

コチョコチョくすぐる

「きれいになったらいただきまーす」と、子どものおなかを思いきりくすぐります。「パクッ」「アムッ」と言いながら食べるまねをしても盛り上がります。

見立て　探索

ウサギちゃんを探せ！

ねらい

＊ ストーリー性があるあそびで、友達と協力する楽しさを味わう。

準備する物

ウサギのぬいぐるみなど、子どもが親しんでいるもの

\ あそび方 /

1 いなくなったことを伝える

ウサギのぬいぐるみを園内のどこかに隠しておきます。子どもたちに「たいへん！ ウサギちゃんがいなくなっちゃった！ みんなで探しに行こう」と伝えます。

2 園内を探す

保育者が先頭に立って花だんやトイレ、保育室など園内を探し回ります。見つかったら「みんなすごいね！ 見つけてくれてありがとう」と伝えます。

「トイレかな？」

「ウサギちゃ～ん」

「花だんかな？」

う～ん

「たいへん！ ウサギちゃんがいなくなっちゃった！ みんなで探しに行こう！」

スタート

みっけた！

あっ

「みんな！ ウサギちゃん見つかった？」

ゴール

「次は、先生のお部屋に行ってみようか」

「みんなすごい！ ウサギちゃんを見つけてくれてありがとう！」

ことばかけ

「ウサギちゃん、どこへ行ったのかな？ お外かな？ それともトイレかな？」

保育者の援助

子どもたちに探したい場所を聞きながら移動しますが、探しても見つからない時は、「あっちの方で声がしたかも？」などと伝えて誘導しましょう。

あそびのヒント

足跡やニンジンを置く

園内にウサギちゃんの足跡などを描いて貼ったり、ままごとのニンジンを置いたりしてウサギちゃんが来た形跡を残しておくと、探すドキドキが増します。

ニンジンよ

やりとり　洗濯ばさみ

引っ張れパッチン

\ あそび方 /

1 保育者が つける

保育者が子どもの
服に洗濯ばさみをつ
けます。

パッチン
つけちゃった！

2 引っ張って 取る

子どもが洗濯ばさみ
を引っ張って取りま
す。外せたら「取れた
ね！」とほめましょう。

パッチン
取れたね！

3 子どもが つける

子どもが保育者の
服に洗濯ばさみをつ
けます。

わあ　いっぱい
くっついちゃった！

4 引っ張って 取る

子どもが洗濯ばさみ
を引っ張って外せた
ら、保育者が「ありが
とう」と言います。

ありがとう！

ことばかけ

「○○ちゃんに、パッチンつけちゃおう。
ほら、パッチン」

保育者の援助

洗濯ばさみは、子どもが外しやすい位置につけます。
うまく外すことができたら、「取れたね！」など、はっきり
とした反応を示しましょう。

🐼 バリエーション

洗濯ばさみで作ろう

厚紙で、ライオンの
顔やカニの体を作りま
す。それぞれたてが
みや脚に見立てて、洗
濯ばさみをつけたり、
外したりしてあそびま
す。

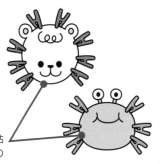

厚紙に色画用紙を貼
って顔や絵を描いたもの

遊具に見立てて

ねらい
＊ 親子でふれあいながらあそび、園の遊具を知る。

\ あそび方 /

1 すべりだい

ひざの上に子どもをのせて、「それ〜」と言いながらすべり降ろします。床でもいすに座ってもできます。

それ〜

2 ぶらんこ

子どもの太ももを抱えて「ゆらゆら」と言いながら、前後左右に揺らします。

ゆらゆら〜

3 鉄棒

手をつないで子どもがぶら下がったら、ゆっくり引き上げます。肩が抜けないよう注意しましょう。

4 シーソー

ひざの上に向かい合って座ります。ぴったり抱き合って、保護者が前後に体を揺らします。

ゆら　ゆら

 ことばかけ

「園にはすべりだいやぶらんこがあるよ。
あそんだこと、あるかな?」

保育者の援助 🐱

園庭開放の時は、遊具にふれてもらいます。親子参観日にも、遊具を見てもらったり、あそぶようにすすめましょう。

🐼 あそびのヒント

あそぶ前に写真や絵を見る

あそぶ前に「園にはこんなものがあるよ」と言いながら、遊具の絵や写真を見せてイメージを広げておくのもよいでしょう。

 運動あそび 想像力 協応性

足の指をグーパー

ねらい
＊ 足の指の可動域を広げつつ、友達とあそぶことを楽しむ。

＼あそび方／

① 足を伸ばして座り、輪になります。

② 「グー」「パー」と言いながら足の指を縮めたり開いたりします。

保育者の援助

慣れるまでは、子どもたちの輪に保育者もいっしょに入り、「グー」「パー」と声をかけましょう。

グーパー グーパー

運動あそび リズム感覚 脚力

リズムにのって足踏み

ねらい
＊ リズミカルに全身を動かしてあそぶ。保育者とふれあう。

＼あそび方／

① 子どもと保育者が向かい合って手をつなぎます。

② 好きな曲をうたいながら、ひざを高く上げ、その場で足踏みをします。

あそびのポイント

手をつないで横に移動したり、一列になって行進してみたりと動きに変化をつけると楽しいでしょう。

1・2、1・2

タンタン

ひざを高く上げるのがポイントです。

＼歌に合わせて／
ひらひらチョウチョウ

春にぴったりのシアターです。歌をうたいながらゆっくりチョウチョウを揺らしましょう。

材料

色画用紙、カードホルダー

＼作り方／

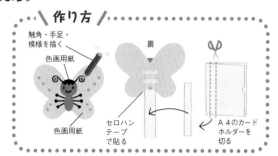

触角・手足・模様を描く
色画用紙
色画用紙
裏
セロハンテープで貼る
Ａ４のカードホルダーを切る

導入

● ホワイトボードに菜の花畑と桜の木を貼っておく。両手にチョウを持って登場。

「ヒラヒラヒラ……。
きれいなチョウチョウさんでしょ」

1

● チョウをヒラヒラさせながら"蝶々"をうたう。
「♪ちょうちょ　ちょうちょ」

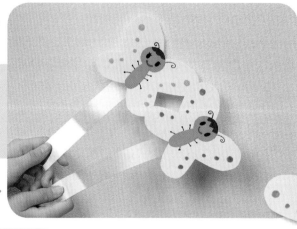

2

● 菜の花畑にチョウを止まらせて
「♪なのはに　とまれ
なのはに　あいたら」

型紙
287ページ

3

● 桜の木にチョウを止まらせながら

「♪さくらにとまれ　さくらのはなの
　はなから　はなへ」

4

● チョウをヒラヒラさせながら、子どもたちのところへ移動する。

「♪とまれよ　あそべ」

5

● 子どもたちの頭にチョウを止まらせる。

「♪あそべよ　とまれ」

「蝶々」作詞／野村秋足　スペイン民謡

Part
1

クラスづくり

4
月

行事のことばかけ

入園・進級

新しい先生や友達と出会える日

　今日から新しいお部屋で、新しいクラスの始まりです。先生は〇〇〇という名前です。〇〇〇先生って呼んでね。みんなと会えてとてもうれしいです。これからいっしょにあそんだりご飯を食べたりしましょうね。新しいお友達もきてくれました。〇〇ちゃんって名前を呼んで、仲よしになりましょう。新しいクラスの始まりですね。

コッコさんのともだち

保育園になじめないコッコさんは、同じ色の服を着ていたアミちゃんと初めて友達になります。友達との関わりが広がる物語です。

読み聞かせポイント

一人ぼっちのコッコさんの気持ちを、子どもたちが感じられるように読んで。

さく・え／片山 健
福音館書店

しろいちょうちょがとんでるよ

青空の下、野原を白いチョウチョウが飛んでいます。つぼみにとまったら「ぱっ」と花が開き、おいしい蜜をたくさん吸えて…。

読み聞かせポイント

チョウチョウが花を咲かせる場面が人気。春のようすを子どもたちと楽しみましょう。

作・絵／村上 康成
ひさかたチャイルド

そらまめくん こんにちは

そらまめくんがみみずさんやめだかさんに「こんにちは！」とごあいさつ。おまめのなかまたちにもあいさつして、仲よくあそびます。

読み聞かせポイント

「こんにちは」のやりとりを子どもたちといっしょに楽しみます。お散歩のときにまねしてみても。

さく／なかや みわ
小学館

おすわり どうぞ

ネズミさんのいすは小さな丸いキノコ、ウサギさんは花に囲まれた切り株。いろいろな動物たちがぴったりのいすに座ります。

読み聞かせポイント

読んだあと、子どもたちがいすに座ったときに「ね、ぴったり」と声をかけると喜びます。

作／しもかわら ゆみ
講談社

ひらいた ひらいた

わらべうた「ひらいたひらいた」の節に合わせて読み進められる絵本。こぐまちゃんたちが手あそびしたり、積み木をしたりします。

読み聞かせポイント

こぐまちゃんの動きをまねするように、あそびに発展させても楽しさが増します。

作／わかやま けん
もり ひさし　わだ よしおみ
こぐま社

わたしのワンピース

白い布でワンピースを作ったウサギさん。花畑を散歩するとワンピースが花模様、雨が降ると水玉模様と柄が変わっていきます。

読み聞かせポイント

読んだあとは、画用紙で自分だけのオリジナルワンピースを作ってあそびましょう。

えとぶん／にしまき かやこ
こぐま社

うた

♪ **チューリップ**
作詞／近藤宮子　作曲／井上武士

♪ **蝶々**
作詞／野村秋足　スペイン民謡

♪ **あそびましょう**
作詞／小林純一　作曲／中田喜直

♪ **おつかいありさん**
作詞／関根栄一　作曲／團 伊玖磨

手あそび・うたあそび

♪ **とんとんとんとん ひげじいさん**
作詞／不詳　作曲／玉山英光

♪ **あたまかたひざポン**
作詞／不詳　イギリス民謡

♪ **おはなし**
作詞／谷口和子　作曲／渡辺 茂

♪ **手をたたきましょう**
訳詞／小林純一　チェコスロバキア民謡

Aちゃん

♡ **4月のようす**

「あのね、Aちゃんはね、お姉さん」「だってさ〜ウサギ組でしょ!」「パパとバイバイ寂しいの」と、お話しをたくさんしてくれる。保育者がそばにいる子の方を向くと、保育者の顔を両手で自分の方に向け「ちょっと、まだAちゃん(自分)が話してるの!」と続きを話し出す。目を見て聞くと、うれしそうにしている。

読み取り

10の姿
**言葉による
伝え合い**

✦ **この場面での子どもの育ち**

　両手で顔をつかまれ、自分の方を向けて話し出したのには思わず笑ってしまった。言葉が豊かになり、2語文から3語文で自分の思いを言葉で伝えようとしている。話の内容も経験したことの他に、自分の思いも話すようになってきている。

❋ **今後の手立て**

　Aちゃんの話は目を見て聞き、「しっかり聞いているよ、だからゆっくり話して」という思いが伝わるようにしたい。話を聞いてもらってうれしい、満足した、言葉のやり取りが楽しいというような気持ちを、育てていきたい。

Bくん

♡ **4月のようす**

「ダンゴムシいたー!」

　新入児のBくんは、食事も睡眠もしっかりとれているが笑顔が少なく、自分からは話そうとしない。質問して何か聞いても「うん」と、うなずくだけであったが、園庭でダンゴムシ探しに誘うと、笑顔で参加してくれた。「ダンゴムシ、いたー!」と大きな声で知らせ、そばにいる子に手にのせて見せていた。

読み取り

10の姿
**自然との
関わり・
生命尊重**

✦ **この場面での子どもの育ち**

　緊張しているものの、食事と睡眠がとれ、質問にうなずいて返事ができるので、嫌なのではなく、新しい環境を用心深く見ているのだろう。ダンゴムシには興味があり、好きなことの1つのようだ。好きなことを通して、保育者や友達との関わりも見られた。

❋ **今後の手立て**

　室内でも戸外でもどんなあそびやおもちゃが好きなのか、何に興味・関心があるかを探り、ほかの子を巻き込みながら、いっしょに楽しんでいくようにしたいと思う。そして言葉も徐々に引き出したい。

5月

ねらい * * * * * * * * * * * *

* 保育者に見守られながら、好きな
  あそびを楽しむ。
* 簡単な身の回りのことを、保育者
  といっしょにしようとする。
* 戸外で全身を使って楽しくあそぶ。

チェックリスト ✎

☐ 一人一人の体調や情緒面に留意し、ゆったり過ごせるよう関わる。

☐ わかりやすい言葉で話し、できたことを認めて自信につなげる。

☐ 子どもの作品は目につく場に飾り、満足感を味わえるようにする。

☐ 懇談会や保育参観を通して、成長の見通しなどを伝える。

☐ 三輪車やスクーターなど、みんなが使いやすいようにする。

あそび

見立て　1対1

のり巻きゴロゴロ

ねらい

＊ ふれあいあそびを通して、保育者への親近感を深める。

＼ あそび方 ／

1 寝転がる

保育者は正座し、その前に子どもが手足を伸ばして寝転がります。

2 転がす

保育者は「のり巻きゴロゴロ巻きますよ」と言いながら、ゆっくり子どもの体を押して転がします。

3 くすぐる

「のり巻きおいしくいただきます」と言いながら、子どものおなかをくすぐります。

のり巻きゴロゴロ巻きますよ

のり巻きおいしくいただきます

コチョコチョ

キャ

ことばかけ

「のり巻き、食べたことあるかな？　今日はおいしいのり巻きを作るよ」

保育者の援助

マットや布団の上でやるとよいでしょう。「のり巻きゴロゴロ」は、リズミカルに言い、子どものようすを見ながら、ゆっくりと転がしましょう。

バリエーション

子どもが転がす

子どもと保育者が交代します。「のり巻きゴロゴロ巻いて」と保育者が言い、子どもに体を押させて転がります。最後に「おいしく食べてね」と言って子どもが体をくすぐります。

よいしょ！

ゴロゴロがんばれー！！

かわいいコックさん

準備する物

手づくりキッチン家電、ままごとの食材や料理器具など

\ あそび方 /

1 レストランを作る

保育室内のテーブルやいすなどを使い子どもたちとレストランを作ります。作ったキッチン家電をおきます。

2 やりとりを楽しむ

子どもたちは交代でお客さんやコックさんになりながらあそびます。保育者がお客さんとして参加しても楽しめます。

はーい

カレーとハンバーグお願いします！

ことばかけ

「おいしいレストランがオープンするよ。お料理を作ったり、食べたりしようね」

保育者の援助

「何を作っているのかな？」「どんな味がする？」など言葉のやりとりも楽しみながら、あそびの意欲をどんどん広げていきましょう。

作り方

キッチン家電

冷蔵庫	レンジ	ガスコンロ
段ボール箱に絵のように切り込みを入れる。中のしきりを固定する。	横長の段ボール箱に絵のように切り込みを入れる。	段ボール箱を裏返し、コンロの模様を描く。

自然 風

くるくるフラワー

ねらい

＊ 季節感を感じながら、おもちゃが
回る楽しさを味わう。

準備する物

くるくるフラワー

\ あそび方 /

1 高い場所に上る

くるくるフラワーを持って、すべりだいやジャングルジムの上に上ります。

2 落とす

花びらの部分をつまんで、上から落としてあそびましょう。

お花を取りに行ってくるよ

お花畑だ！

ことばかけ

「このお花を高い所から落とすと…くるくる回って、とてもきれいだよ！」

保育者の援助

すべりだいやジャングルジムの上では、子どもが安全にあそべるようグループに分かれるなど、危険がないようにします。

作り方

くるくるフラワー

①トイレットペーパーの芯の周りに折り紙を巻き、セロハンテープでとめる。

②右図のように折り紙の下部をねじってまとめる。

③芯をはずし、右図のように5cm程度の切り込みを2cmくらいの幅で入れる。

5cm

④切り込み部分を少し斜めになるよう折る。

はこべ おばけちゃん

ねらい

＊ 親子で息を合わせて、進み方を
　いっしょに考えて運ぶ。

準備する物

おばけちゃん

＼ あそび方 ／

1 体ではさむ

　親子で向かい合い、体でおばけちゃんをしっかり
はさんで両手をつなぎます。おばけちゃんを手で
つかむのはNGとします。

2 落とさないように進む

　「よーい、スタート」の合図で、おばけちゃんを落
とさないようにゴールまで進みます。カニ歩きや保
護者が後ろ歩きでもOK。落としてしまったらその
場ではさみ直してスタートします。

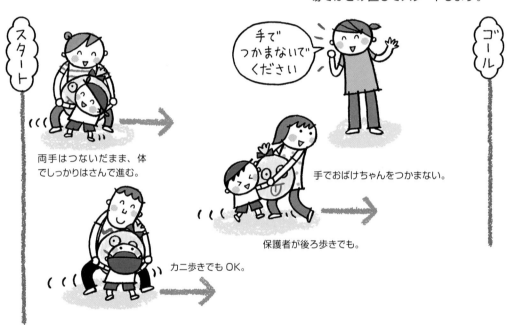

両手はつないだまま、体
でしっかりはさんで進む。

手で
つかまないで
ください

手でおばけちゃんをつかまない。

保護者が後ろ歩きでも。

カニ歩きでも OK。

ことばかけ

「お父さんやお母さんといっしょに、おば
けちゃんをゴールまで運んでね」

保育者の援助

　始める前にみんなでおばけちゃんを使って、バレー
ボールなどをして親しんでおきます。破けたり、つぶれた
りする場合も考え、おばけちゃんは少し多めに作ります。

作り方

おばけちゃん

リボン

顔を描く

カラーポリ袋

カラーポリ袋をふくらませ、
口をしっかり結ぶ。リボンを
結んで目や口を描く。

袋の端をセロハンテープでとめる

袋の端2か所を反対側に折
り、セロハンテープでとめる。

くるくるダンス

\ あそび方 /

1 子どもと保育者が向かい合って立ち、手をつなぎます。

2 右回り、左回りと交互に繰り返しながら回ります。

🐰 **あそびのポイント**

子どもの好きな音楽に合わせて、リズミカルに回り、ダンスを楽しみましょう。

次は、こっち回りだよ

くるくる～

丸い線路で電車ごっこ

\ あそび方 /

1 床に長なわを円状に置いて、線路にします。

2 子どもが前、保育者が後ろに立ち、2本のタオルの両端を持ちます。

3 線路に沿って進み「出発!」と「ストップ!」を繰り返してあそびます。

🐰 **あそびのポイント**

線路に沿って歩くことにこだわりすぎず、まずは楽しみましょう。

ストップ!

紙皿を使って ぐんぐんアオムシ

紙皿の形を生かした人形を作り、アオムシからチョウチョウへと変身するシアターを演じましょう。

材料

紙皿4枚、色画用紙、ゴムひも

作り方

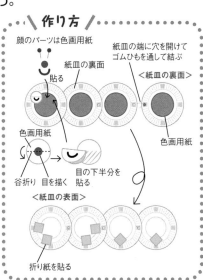

顔のパーツは色画用紙
貼る
紙皿の裏面
紙皿の端に穴を開けて
ゴムひもを通して結ぶ
<紙皿の裏面>
色画用紙
色画用紙
谷折り
目を描く
目の下半分を
貼る
<紙皿の表面>
折り紙を貼る

みなさん
こんにちは!

1

● 保育者は床に座り、
アオムシを取り出す。

「みなさん、こんにちは!
葉っぱが大好きな
アオムシくんですよ」

2

● 葉っぱを出して、アオムシが食べて
いるように、口のそばに近づける。

「今日も、葉っぱをモグモグモグ。
"おいしいね"って、モグモグモグ…」

モグモグ
モグ……

\ ぐんと! /   \ ぐんぐん! /

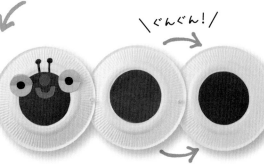

3

● 紙皿を3枚重ねたまま引き出し、2枚にする。

「いっぱい食べたので、ぐんと大きくなりました」

● 紙皿を2枚重ねたまま引き出し、3枚にする。

「ぐんぐん、ぐんぐん大きくなって…」

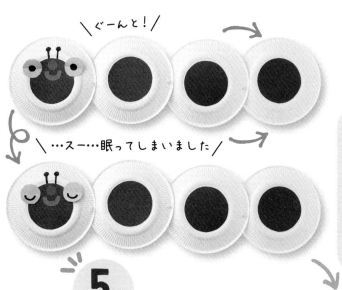

ぐーんと！

…スー……眠ってしまいました

型紙
287ページ

theater → theater88-01

4

● アオムシの紙皿をもう1枚引き出して、4枚にする。

「ぐーんと大きくなりました！」

● アオムシの目を閉じる。

「あらあら、おなかがいっぱいになって、アオムシくんは、眠ってしまいました」

Part 1

クラスづくり

5月

5

● アオムシをひざの前に立てるようにして置く。

「起きて、アオムシくん。起きて、起きて！」

● ゆすって起こそうとしているように、手のひらでそっと紙皿にふれる。

起きて！

チョウチョウになっちゃった！

6

● 紙皿を手に取って裏返し、チョウチョウのパーツを貼り、紙皿の形を整える。

「なんだい、ムニャムニャ…」 「あー、よく寝た！」
「あれ、アオムシくんが、チョウチョウになっちゃったよ！」

● チョウチョウが飛ぶように、紙皿を動かす。

「ヒラヒラヒラ!! きれいだね！」

行事のことばかけ　こどもの日

元気にすくすく大きくなぁれ！

　5月5日はこどもの日です。空にこいのぼりが泳いでいるのを見たかな？　こいは川をぐんぐん上っていくたくましい魚です。みんなもこいのように元気に育ちますようにと願いを込めて、こいのぼりを飾るのです。おさむらいさんがかぶる、かぶとを飾るおうちもありますね。ケガや病気に気をつけて、楽しく過ごしましょう。

絵本

はるの ごほうび

春の空にブタやネコ、カエルたちが浮かんでいます。自分も浮きたいウシは、その方法を知っているこいのぼりに聞きに行き…。

読み聞かせポイント

お散歩で空気をたくさん吸って春を感じてみましょう。こいのぼりを探しながら歩くのも◎。

作／内田 麟太郎
絵／村上 康成
鈴木出版

おべんとうバス

真っ赤なバスにハンバーグやエビフライ、野菜やおにぎりが乗り込むと、おいしそうなお弁当が完成！遠足が楽しみになる絵本です。

読み聞かせポイント

最後はみんなでおいしく食べるまねを。遠足に出かける前に読むと、楽しみ倍増です。

作・絵／真珠 まりこ
ひさかたチャイルド

すやすやタヌキがねていたら

すやすやタヌキが眠ると、ブタもワニも、子どももネコもみんな眠ります。穏やかな春のうたたねを誘う、ほのぼのした物語。

読み聞かせポイント

午睡前にオススメ。スッと眠りに入れるよう、読むスピードやめくるスピードをゆったりめに。

文／内田 麟太郎
絵／渡辺 有一
文研出版

たけのこ にょき にょき

モグラくんたちがタケノコ山にピクニックに出かけます。お弁当を食べてお昼寝しているうちに帽子がなくなり…さあ大変です。

読み聞かせポイント

近くに竹林があれば行ってみましょう。わらべうた「たけのこめーだした」をうたっても。

絵と文／いもと ようこ
至光社

まめとすみとわら

ソラマメの黒い筋がどのようにできたのかを、かわいい絵とともに教えてくれる、民話の絵本。ソラマメに興味をもつきっかけにも。

読み聞かせポイント

ソラマメを用意して、子どもたちに黒い筋を見せると、お話の世界をより楽しめます。

ぶん・え／せな けいこ
廣済堂あかつき

ふってきました

今にも降り出しそうな曇り空から降ってきたのは、なんとワニにゾウにシマウマ…！　落ちたときの擬音がダイナミックで愉快です。

読み聞かせポイント

初めの一文はこのお話の大切な導入部分。特にていねいに読み、間を置いてめくります。

文／もとした いづみ
絵／石井 聖岳
講談社

うた

♪ **こいのぼり**

作詞／近藤宮子　無名著作物

♪ **めだかの学校**

作詞／茶木 滋　作曲／中田喜直

♪ **小鳥のうた**

作詞／与田準一　作曲／芥川也寸志

♪ **バスにのって**

作詞・作曲／谷口國博

手あそび・うたあそび

♪ **トコトコ トコちゃん**

作詞・作曲／鈴木克枝

♪ **はじまるよったら はじまるよ**

作詞・作曲／不詳

♪ **とうさんゆび どこです**

作詞／不詳　フランス民謡

♪ **ピクニック**

訳詞／萩原英一　イギリス民謡

読み取ろう
子どもの 育 ち

Cくん

♡ 5月のようす

体操しようかとCDの準備をすると、「たいそう〜!」と言って、うれしそうに待っている。保育者と同じように体を動かそうと、よく見てポイントを合わせて踊っている。踊りながらそばにいる子と笑い合っていて、楽しそうだ。終わると「今度は○○!」と、踊れる違う曲をリクエストしてきた。

読み取り

**10の姿
健康な
心と体**

✦ この場面での子どもの育ち

友達と笑い合いながら踊っているようすが微笑ましい。また、腰をフリフリさせて踊るようすもとても愛らしい。音楽に合わせて踊るのが大好きなのだろう、自信にも満ちている。保育者や友達といっしょに踊るということ自体が楽しいようだ。

✳ 今後の手立て

手あそびや簡単なわらべうたなども取り入れて、うたったり体を動かしたりしてあそんでいきたい。また、保育者や友達といっしょに体を動かしたり、うたったりすることが楽しいという気持ちも味わわせていく。

Dちゃん

♡ 5月のようす

下握りでスプーンを持ち、食べ物をこぼさないで口に運べるようになってきたので、「こうやって持てるかな」とスプーンを鉛筆持ちに持ち替えさせてみた。すると隣の子を見て、「○ちゃんみたいに!?」と、鉛筆持ちで食べた。ときどき下握りに戻るが、言葉をかけると直していた。

読み取り

**10の姿
自立心**

✦ この場面での子どもの育ち

手や指が発達し、スプーンを持つ際の細かい動きができるようになってきた。同時に手首の動きをコントロールできるようになって、口に食べ物を運ぶ際にスプーンをひっくり返すことがなくなり下握りが安定してきた。隣の友達を意識し「自分も」の気持ちが出てきている。

✳ 今後の手立て

何よりも自分で食べたいという気持ちを大切にしていきたい。また、保育者もいっしょに食べ、「おいしいね」と共感しながら、正しいスプーンの持ち方を見せていきたい。

6月

チェックリスト

☐ 気温や湿度に留意し、風通しをよくしたり扇風機を使用したりする。

☐ 自分から話そうとする姿を認め、自信につなげる。

☐ 野菜の生長に目を向けられるようにし、食事の際、話題にする。

☐ 気温差が大きくなるので、調節しやすい衣服を用意してもらう。

☐ 固定遊具には保育者が一人はつき、危険なく楽しめるようにする。

あそび

探索　みんなで

どこかな？ どれかな？

準備する物
大判のハンカチ、おもちゃやぬいぐるみ、おままごとの果物や野菜など

ねらい
＊ 当たったときの達成感を感じ、答えを見つける意欲を育てる。

あそび方

1 見せる
かくすものを見せて、名前を確認します。「このロボットをかくすよ」と言い、子どもたちに目をつぶってもらいます。

これ なーんだ？
ロボット！！

2 かくす
子どもたちに見えないように、ハンカチの下にロボットやおもちゃをかくします。

ワクワク
まだ見ないでね
もう いいよ！！

3 探す
保育者の「よーい、ドン！」の合図で、みんなで一斉にかくしたものを探します。

よーい ドン！！

4 見つける
かくしたものが見つかったら終了。かくすものを替えながら、繰り返しあそびます。

あれ？

ことばかけ
「これから○○をハンカチの下にかくすよ。どこにかくれているか当てっこしよう」

保育者の援助
違うものを探し当てたとしても否定せず、「これは○○だったね」と、見つけた気持ちを受け止めるようにしましょう。

バリエーション

一人ずつ探す
一斉に探すのではなく、順番を決めて一人ずつ正解が出るまで探します。何度か繰り返して、全員が平等に探せるようにしましょう。

ワク ワク
これかな？

てるてる合戦

ねらい

＊ 投げたりぶつけたりしながら、発散して楽しむ。

準備する物

てるてるボール

\ あそび方 /

① チームに分かれる

2チームに分かれて、てるてるボールを半分に分けて床に置きます。

② 投げる

「てるてる合戦、よーいドン!」の合図とともに、てるてるボールを相手チームに投げます。勝ち負けはありません。

てるてる合戦 よーいドン!!

当たっちゃったー

それーっ!!

いっぱい 投げちゃえ！

よっと

ことばかけ

「てるてるボールを思いきり、ポーンと投げてみよう!」

保育者の援助

2チームに分ける時は、床にビニールテープを貼るなどしてラインにしても。子どもが疲れてしまうこともあるので、ようすを見て終了しましょう。

作り方

てるてるボール

果物ネットを15cm程度の長さに切り、片端をゴムできつく結ぶ。

ゴムで結んだ方を裏返し、ティッシュペーパーを5、6枚丸めて詰め、先端を膨らませる。

膨らませた部分の先にゴムをきつく巻く。

見立て　やりとり

変身ステッキ

ねらい

* 動物や物語のイメージをふくらませ、想像力を育てる。

準備する物

変身ステッキ

\ あそび方 /

① 保育者が変身

変身ステッキをふりながら、「ワンワン、かわいいイヌになぁれ!」と言い、そばにいた保育者がイヌのまねをします。

ワンワン

② 子どもが変身

次に子どもたちに向かってステッキをふりながら、「ピョンピョン、かわいいウサギになあれ」と言います。

ピョンピョン

③ 子ども同士で

変身ステッキを子どもに渡します。お姫様や飛行機などに変身しても楽しいでしょう。

ブ〜ン

飛行機になあれ!

ことばかけ

「この変身ステッキをふると、変身できるよ。やってみるね!」

保育者の援助

子どもたちが変身する時は、保育者もいっしょに行いましょう。大げさに動くと、変身する動物のイメージがわきやすくなります。

🐼 **作り方**

変身ステッキ

星の上部に束ねたスズランテープを裂いたものを貼る。

カラー工作用紙を星形に2枚切り、新聞紙の棒をはさんで貼る。

新聞紙を何枚か重ねてきつく丸めてセロハンテープでとめる。

ふれあい動物園

\ あそび方 /

① ペンギン

保護者が子どもの後ろに立ち、両手をつなぎます。子どもは保護者の両足にのって前へ進みます。

② ウサギ

子どもが背を向けて手をつなぎ、保護者が引き上げてぴょんぴょん飛び跳ねます。

ぴょん
ぴょん

③ ラッコ

保護者が子どもを横に抱っこし、左右に揺らします。子どもをあお向けにしたり、うつぶせにしたりして行います。

ゆう ゆら

④ コアラ

子どもが保護者の首や肩にしがみつきます。保護者は体を揺らしたり傾けたりします。落ちないように注意しましょう。

ことばかけ

「動物園に出発しまーす。何が出てくるか、ドキドキするね」

保育者の援助

登場する動物を写真や絵で見てからあそぶと、イメージしやすくなります。隣の親子とぶつからないよう、広いスペースで行うようにしましょう。

バリエーション

ゾウ

保護者が子どもの脇を抱えて持ち、ゾウの鼻のように宙でゆらゆら揺らします。揺らし過ぎないよう、保育者は声をかけましょう。

ゆら
ゆら

運動あそび ・ 空間認知力 ・ 協調性

まだまだのれるよ!

ねらい

* 簡単なルールを理解して、友達とあそぶ。

準備する物

新聞紙、テープ

\あそび方/

1 床に新聞紙を敷きテープでとめます。

2 順番に子どもが新聞紙の上にのり、何人のれるかチャレンジします。

あそびのポイント

チームに分かれて、のれた人数が多いほうが勝ちのゲームにしても楽しいです。

運動あそび ・ 空間認知力 ・ 脚 力

ひらひらキャッチ!

ねらい

* 物を目で追って歩いたり走ったりしてあそぶ。

準備する物

ティッシュペーパー

\あそび方/

保育者が高いところからティッシュペーパーを落とし、子どもは追いかけてつかみます。

ヒラヒラ

ティッシュペーパーをしっかり目で追うようにします。

保育者の援助

ティッシュペーパーが難しい場合は、つかみやすいよう大きなハンカチなどを使います。

シアター

\\ お誕生会に /

うまれたよ！

カプセル容器を使った楽しいシアター。紙人形を子どもの写真にしてもいいでしょう。

材料

カプセル容器、ビニールテープ、スポンジ、フェルト、紙テープ、色画用紙

\ 作り方 /

ヒヨコ、カメ　フェルト　スポンジ

型紙に合わせて印をつけて切る

タマゴ　まく

カプセル容器　ビニールテープ

紙人形　紙テープ　はる

導入

● タマゴを2つ持って登場する。紙人形のメダルは机の下などにかくしておく。

「これは、タマゴ。さてさて、だれがうまれてくるのかな?」

1

● タマゴを耳にあてる。

「あら。うまれそう。タマゴが割れる音がしてきたよ」

コンコンピョ!

2

● ヒヨコのタマゴを開ける。

「ポン！　ヒヨコがうまれたよ」

theater → theater98-01

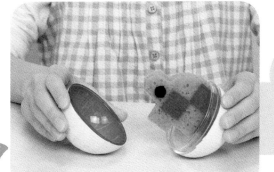

3

● カメのタマゴを開ける。
「もうひとつも、ポン!　カメがうまれた」

4

● 机の下から紙人形をのぞかせる。
「お母さんのおなかからうまれたのは……」

○○くん、
お誕生日
おめでとう!

5

● 紙人形を見せる。
「オギャー、オギャー!　○○くんでした!」

行事のことばかけ

プール開き

プールでのあそびが始まるよ

　夏になって暑くなりました、汗ビッショリですね。こんなとき水にさわると冷たくていい気持ち。今日からプールで水あそびができますよ。プールに入るときは、水着を着ます。みんなの水着はどれかな?　わぁ、かっこいい!　かわいい!　では水着に着替えて、プールでパシャパシャ楽しくあそびましょう。

絵本

はみがきれっしゃ しゅっぱつしんこう!

歯磨きが大嫌いなたっくんのもとへ、歯ブラシの歯磨き列車が現れて、口の中をピカピカに磨きます。歯磨きが楽しみになりそう!

読み聞かせポイント

歯と口の健康週間にオススメ。画用紙で歯ブラシを作って、絵本のまねをしてみましょう。

作／くぼ まちこ
アリス館

ちきばんにゃー

「ちきばん　ちきばん」とかけ声をかけながら、元気よく行進する女の子と動物たち。みんなで海を泳いでいたら、実はそこは…。

読み聞かせポイント

リズムがよいので、読んでいるうちに速くなりがち。読む速度を意識するよう心がけて。

作・絵／きくち ちき
学研プラス

ちいさな きいろい かさ

なっちゃんの黄色い傘に、雨で濡れていた動物たちを入れてあげると、不思議なことに小さな傘がどんどん大きくなっていき…。

読み聞かせポイント

途中で横開きから縦開きになるページがあるので、下読みで練習をしてから読みましょう。

シナリオ：もり ひさし
イラスト：にしまき かやこ
金の星社

はっぱのおうち

さっちゃんが庭であそんでいると雨が降ってきたので、葉っぱのおうちで雨宿り。虫たちもやってきて、雨が止むのを待ちます。

読み聞かせポイント

カタツムリなど、本文に出てこない生き物も描かれているので、絵をじっくり見てみて。

さく／征矢 清
え／林 明子
福音館書店

おうまさんしてー!

お父さんが背中に子どもを乗せ、それをクマが乗せ、ウマが乗せ…と続きます。最後はなんと、大きな恐竜の背にみんなで乗ります。

読み聞かせポイント

同じように子どもたちとおうまさんをしてあそんでも。家庭へのオススメ絵本としても◎。

作・絵／三浦 太郎
こぐま社

ねんどろん

赤・緑・黄色のねんどろんが、くっついたり転がったり、船や飛行機になったりと大変身。リズム感ある言葉が、くせになりそう。

読み聞かせポイント

粘土あそびの前に読みたい1冊。リズムよく読むことを心がけながら下読みしましょう。

著／荒井 良二
講談社

うた

🎵 **かえるの合唱**

訳詞／岡本敏明　ドイツ民謡

🎵 **シャボン玉**

作詞／野口雨情　作曲／中山晋平

🎵 **あめふりくまのこ**

作詞／鶴見正夫　作曲／湯山 昭

🎵 **とけいのうた**

作詞／筒井敬介　作曲／村上太朗

手あそび・うたあそび

🎵 **パンダうさぎコアラ**

作詞／高田ひろお　作曲／乾 裕樹

🎵 **かたつむり**

文部省唱歌

🎵 **あなたのおなまえは**

作詞／不詳　インドネシア民謡

🎵 **おはぎがおよめに**

わらべうた

読み取ろう 子どもの 育ち

Eちゃん

♥ 6月のようす

カレーだよー

型抜きでプリン、お鍋でカレーを作っていた。「てんてい（先生）も食べる？」「なにがいいでしゅ（す）か？」「チキンカレーがいいです」「どうじょ（ぞ）」と、やり取りをしてあそんだ。
友達が使っているものを取ろうとしたので、「こういうとき、何て言う？」と声をかけると「かして」と言えた。

↓ 読み取り

10の姿 豊かな感性と表現

✧ この場面での子どもの育ち

「先生も食べる？」から始まった言葉のやり取りが発展し、楽しそうだった。急に言葉が増えてきたが、発音が不明瞭なところも多い。友達に「かして」と言うことができて、友達とのやり取りも、徐々にできるようになってきている。

✳ 今後の手立て

保育者の模倣から言葉を取得していくことに意識をもち、正しい発音で受け答えをしていきたいと思う。言葉のやり取りがさらに発展していくよう、ごっこあそびや模倣あそびをたくさん設定していきたい。

Fくん

♥ 6月のようす

いっぱいとれた！

園庭に出ると、ラディッシュの葉にいるアオムシをかがみながら一生懸命探している。細い小さなアオムシを次々と発見し、なんとコップに6匹も集めていた。飼いたいというので、虫かごを用意していれたら、「うごかないね」「見て！ 葉っぱ食べてる」と、そばにいる子と観察していた。

↓ 読み取り

10の姿 自然との関わり・生命尊重

✧ この場面での子どもの育ち

虫への興味・関心がとても高まってきている。小さい2歳児でも、虫を探すとき、観察するときの集中力がこんなに高いのかと感心してしまうほどだ。友達と同じものに興味・関心をもち、気持ちが通じ合うと、こんなに穏やかに会話ができるんだと微笑ましかった。

✳ 今後の手立て

虫かごでアオムシの幼虫などを飼い、子どもたちといっしょに葉っぱをあげたり、虫かごを洗ったりしながら「大きくなったらなにになるのかな」と、期待をもって観察していきたい。折をみて虫に関する絵本も読もうと思う。

7～9月の

保育の見通し

そっかー
いやだったね

イヤイヤ期には余裕のある対応を

2歳児の多くが"イヤイヤ期"に差し掛かります。誰もが通る道、とおおらかな気持ちで対応すると子どもも安心することができます。

 保育の見通し　生活面

片づけやすい環境づくりを

玩具に合った箱を用意するなど、子どもが片づけを意識できるようにします。最後のひとつを片づけることが、達成感につながります。

保育の見通し　あそび面

さまざまなアイデアで水あそびを楽しもう

気持ちのよい季節、水あそびが楽しくなります。玩具や容器をたくさん用意するほか、泡あそび、色水あそびなどに展開することで、さらに水と親しめます。

水あそびは安全への配慮を

水あそびは開放的で楽しいものですが、安全が保障されてこそです。水が浅くても事故は起きるため、複数人で危険要素を確認しましょう。

疲れやすい夏は、積極的な休憩を

気温も湿度も高い夏は、積極的な休息を心がけて。水分補給のほか、ゴロゴロしたいときに横になれる畳コーナーをつくるのもおすすめです。

保育の見通し 人との関わり

言葉にできない思いを受け止めて

イヤイヤ期には、一時的に場所を移って気分を変えたり、保育者が思いを言葉にしたりして、落ち着いて気持ちを切り替えられるようにします。

保育の見通し 保護者対応

家庭と連携して生活リズムを整える

活動や午睡のようすが固まってくる時期に、家庭での生活リズムと照らし合わせます。その子のベストな生活リズムを、両者で見つけましょう。

保育の見通し 安全面

集団あそびの安全には十分な広さを

リトミックや集団あそびの際、一人一人のスペースが狭いと事故につながります。たくさん動きたい気持ちを満たせるよう、十分な広さを確保しましょう。

生活とあそびを
支える

7～9月の

環境構成

いまの興味・関心に合った 絵本コーナーをつくろう

この間、
先生に読んで
もらったよ

絵本をめくりながら、保育者に読んでもらった内容を思い出し、自分でも読むことを楽しみます。

発達を促す

「読んでもらうもの」である絵本も、扱い方や読み方、片づけ方をていねいに伝えることで、子ども自身でページをめくって絵本を楽しみ、読もうとするようになります。

天候が不安定なときこそ 室内でサーキットあそびを!

発達を促す

跳ぶ、しゃがむなどさまざまな動きを取り入れて。

室内に広いスペースをつくり、巧技台やとび箱を使ったサーキットを用意しましょう。腕で体を支えたり、ジャンプしたりできる環境で、全身運動を促せます。

写真やマークを利用して、主体的に出し入れ！

安定した生活

棚に玩具の写真を貼るなど、片づける場所がすぐにわかる工夫を。いつも同じ場所にあれば、子どもも「あれであそびたい」「片づけよう」と思ったときに主体的に行動できます。

どこにあるか
すぐわかる！

着脱の多い夏から、立って着替える練習を

経験を増やす

ぼくたち立って
着替えられるよ

プールの前後や汗をかいた後に着替えが多くなる時期、立って着替えられるよう机を用意します。体幹が強くなるので、コツをつかんだら、発達に合わせて着替え方を変えてみましょう。

Part
1

クラスづくり

7〜9月

片づけるとサイズがぴったりになる入れ物を用意して

発達を促す

玩具がぴったりと入る入れ物は、片づけが完了すると気持ちがよい、という経験ができるのでおすすめ。片づけは楽しい、終わるとスッキリとすることを伝えながら、やりたい気持ちを一押ししましょう。

片づくと気持ちがいい！　達成感も味わえるので、自らやってみようとします。

パチッと
はまって
気持ちいい！

105

子どもの力が伸びる！

7〜9月の

保育者の援助

イヤイヤ期の対応はていねいに
受け止めて、気分を変える

「ご飯食べない」「イヤだ！」といった2歳児特有のイヤイヤ期には、とにかく子どもの気持ちを受け止め、場所を変えてみたり、言葉にできない思いをこちらから話してみたり、気分を変えられるようにしましょう。

言葉かけのコツ

「イヤ」と言っている本人も、何がイヤなのかわかっていない…というのが"魔のイヤイヤ期"。どうしてイヤなの、といった質問はNGです。イヤだと言うその気持ちに寄り添い、余裕のある対応を心がけます。

戸外と室温の差に配慮して、
バランスのよい室温の管理を

気温の高い時期はエアコンや扇風機をうまく利用し、室内あそびを計画します。室内と室外との温度差がありすぎることも、子どもが体調を崩す原因のひとつ。心地よい空間で過ごせるような配慮をしましょう。

言葉かけのコツ

同じ室内でも、窓際やエアコン直下などで暑すぎたり、寒すぎたりがないかチェックを。子どもたちにも「暑いときは言ってね」と声をかけ、一人一人の汗のかき具合なども確認しましょう。

暑い日のお楽しみは、やっぱり水あそび!

暑い日の水あそびやプールは、子どもたちにとって楽しみの1つ。しっかりと準備体操し、さまざまな玩具を用意して活動を楽しみましょう。疲れすぎない程度に、時間をたくさん取れるとよいですね。

言葉かけのコツ

「お水、バッシャーン!」と動作を言葉で表現して伝えると、表現力が養われたり、水への恐怖感が少なくなったりします。

二語文を引き出すには、保育者との言葉がカギに

話すことが大好きな2歳児。語彙が増えてきたら、保育者が間に入りながら、子ども同士の会話をつなぎましょう。保育者は子どもの手本となるように、美しい言葉を使います。

言葉かけのコツ

「キュウリがシャキシャキしておいしいね」などオノマトペを交えた表現を用い、言葉を増やす橋渡しをしましょう。

パンツへの興味が出てきたら、すかさず誘って、成長を後押し!

トイレに座ってみよっか!

お兄さんパンツはく!

一人一人の排尿間隔がわかるように排泄のチェック表をつけ、保育者間で共有しましょう。また、「お兄さん(お姉さん)パンツ、はくんだ!」と、パンツへの興味を持ち始めたら、移行へのチャンス。前向きな言葉をかけ、成功体験を増やすことがポイントです。

言葉かけのコツ

「トイレに座ってみよう!」と一言伝えるだけで、パンツに興味がある子どもはトイレに座り始めます。無理に進めるのではなく、一人一人の状況に合わせて声をかけるようにします。

ねらい ✴ ✴ ✴ ✴ ✴ ✴ ✴ ✴ ✴ ✴

✴ 水、砂、泥などの感触を楽しむ。

✴ 自分のしたいことや、してほしいことを言葉やしぐさで表す。

✴ 保育者とトイレへ行き、排泄する。

チェックリスト 🖊

☐ 気持ちよさが伝わる声をかけ、清拭やシャワーをゆったりと進める。

☐ こまめに水分が取れるようにする。

☐ トラブルでは互いの気持ちを代弁しながら伝わるようにする。

☐ プールカードの記入や水あそびの準備について、ていねいに伝える。

☐ 水あそびから着替えまでの動線を考え、足拭きやタオルを配置する。

あそび

やりとり　みんなで

穴の向こうは

準備する物
段ボール板、画用紙に描いたモチーフ、布、テーブル

ねらい
＊ 想像力を働かせながら、達成感や当てようという意欲を育てる。

\ あそび方 /

1 一部を見せる

子ども用のテーブルに、床が見えない程度の布をかぶせます。テーブルの上に段ボール板を立てかけモチーフをかくし、「穴の向こうは何かな?」と言いながら、モチーフの一部を見せます。

2 動かして見せる

子どもたちが答えを想像したら、モチーフを動かしてあちらこちらを見せて、再び答えを聞きます。

3 正解発表

「ジャーン、○○でした!」などと言いながら、モチーフを取り出して正解を発表します。

ことばかけ

「穴の中から見えるのは何かわかるかな?
みんなで当てっこしてね」

保育者の援助

答えがなかなかわからない時は、「ブブー、走りまーす」など、ヒントを出しましょう。正解した時は少し大げさに喜ぶと、さらに盛り上がります。

作り方

段ボール板

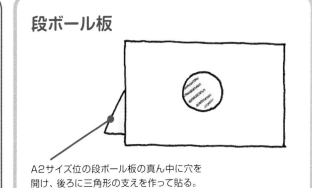

A2サイズ位の段ボール板の真ん中に穴を開け、後ろに三角形の支えを作って貼る。

見立て　みんなで

ヘイ、タクシー!

＼あそび方／

① 役に分かれる

　乗り場の看板や信号機を置き、ビニールテープで駐車場を作ります。タクシー役とお客さん役に分かれ、お客さん役は好きな場所で待ちます。タクシー役は車を引っ張って動き回ります。

② タクシーに乗る

　お客さん役は「ヘイ、タクシー!」と言い、タクシー役を呼び止めて乗ります。保育者も援助しながら、タクシー役はお客さん役を乗せてひと回りします。

③ 役を交代

　お金を払う動作をして役を交代します。

床にビニールテープで

ことばかけ - - - - - - - - - -

「タクシーに乗って、お出かけしようね」
「タクシーになって、お客さんを乗せよう」

保育者の援助 - - - - - - - - - -

　お客さん役が乗ったら、保育者はタクシーを後ろから押して、子どもが前へ進めるよう援助しましょう。スピードは出さず、ゆっくりと押すようにします。

作り方

段ボールタクシー

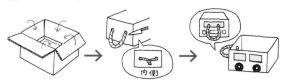

子どもが一人乗れる程度の段ボール箱を用意する。ふたの部分を中に折り込む。

上の図のように車の前方部分に穴を開け、ひもを通して結ぶ。

外側に色画用紙で窓やタイヤなどを貼って飾りつける。

造形あそび　絵の具

色まぜジュースやさん

準備する物
色水ジュース、透明カップ、ペットボトル、名前シール

あそび方

1 ジュースを選ぶ

保育者が作っておいた色水ジュースを見せます。子どもは好きな色のジュースを選んで、ボトルごと自分の席に持ち帰ります。

ジャーン!!

2 カップに注ぐ

透明カップにジュースを注ぎます。再び別の色のジュースをもらいに行き、別の透明カップに注ぎ、2色のジュースを揃えます。

ミルク入れまーす!

ジャー

3 半分ずつ混ぜる

さらに別の透明カップに、先ほど用意した色水を半分ずつ入れて色の変化を楽しみます。

イチゴミルクになった!

4 名前シールを貼る

空のペットボトルに慎重に移します。ボトルの横に名前シールを貼ったら、自分だけのジュースが完成!

ことばかけ

「ジュースやさんへようこそ! いろいろな味のジュースがあるよ」

保育者の援助

ジュースを注いだり混ぜたりしやすいよう、テーブルといすを用意します。床に置いてあそぶより、色の変化がわかりやすく手元に集中できます。

作り方

色水ジュース

色水ジュースは、赤、黄、青、白など4色程度にして、子どもが混ぜたときに混色が楽しめるようにします。

どれにしようかな?

グルグル洗濯機

\ あそび方 /

1 手をつないで回る

親子で向かい合い、両手をつなぎます。子どもが「ス
イッチオン!」と言ったら、保護者は「洗濯開始!」と言い、
その場でグルグル回ります。

2 止まって横になる

子どもが「止めて」と言ったら止まり、2人で「目
が回ったね」とその場で横になります。

ことばかけ

「洗濯機ってどんな動きをするかな。グル
グル回ってみようね」

保育者の援助

シンプルな動きが楽しいあそびですが、スピードを出
して回らないよう言葉かけを。ぶつからないよう、広い
場所であそびます。

バリエーション

快速バージョン

1と同様に子どもが
「スイッチオン」と言い、
保護者の手の平を押し
ます。保護者は後ろか
ら抱きかかえ「洗濯開
始!」と言ってグルグル回
ります。

運動あそび　バランス感覚　瞬発力

おすもうあそび

準備する物

ビニールテープ

\ あそび方 /

1 ビニールテープで輪を作り、中に保育者と子どもが向かい合わせに立ちます。

2 「はっけよい、のこった!」の合図で子どもと保育者が押し合います。

3 輪から出たほうが負けです。

保育者の援助 ・・・・・・・・・・・・・・・

「○○ちゃん山が強く押しています」など、実況のようにまわりが声をかけて、盛り上げましょう。

はっけよい、のこった!

運動あそび　空間認知力　逆さ感覚

トンネルにらめっこ

ねらい
＊ 逆さ感覚を経験し、ルールを理解してあそぶ。

\ あそび方 /

1 子どもと保育者が背中合わせになり、肩幅ぐらいに足を開いて立ちます。

2 「にらめっこしましょ」と言いながら両手を前につき、「アップップ」で足の間からのぞき込んでにらめっこをします。

あそびのポイント

大きくなり体を片腕で支えられるようになれば、足の間からのぞき込んでジャンケンをしても楽しめます。

勢いよく頭を下げると床に頭を打つので注意します。

アップップー

シアター

\ タオルを使って /
変身タオルくん

1枚のタオルが歌に合わせて、さまざまなものに変身します。リズミカルに演技します。

材料

黄色のフェイスタオル

導入

● 目と口を油性ペンでかいたタオルを持って登場。

「こんにちは! タオルくんはね、歌がとっても好きなんだって」

1

● タオルを横に広げながら揺らし、"バスごっこ"をうたう。

「ブッブー! バスに乗って出発!
♪大型バスに 乗ってます
切符を じゅんに わたしてね」

「バスごっこ」作詞/香山美子 作曲/湯山 昭

2

● タオルを巻いて少しそらせ、"とんでったバナナ"をうたう。

「あれ? 何を食べているの?
♪バナナが一本 ありました
青い 南の 空の下」

「とんでったバナナ」作詞/片岡 輝 作曲/櫻井 順

3

● 再びタオルを横に広げて、"こいのぼり"
をうたう。

「バスの窓から、何かが見えてきたよ。
何かな?
♪屋根より　高い　こいのぼり」

「こいのぼり」作詞／近藤宮子

4

● タオルを丸めてうでの上にのせ、指をチョキ
の形にする。"かたつむり"をうたう。

「おやおや、雨だ。雨が好きな虫がいたね。
♪でんでん むしむし かたつむり」

「かたつむり」文部省唱歌

5

● 丸めたタオルを伸ばして、三日月の
形にする。

「暗くなって、三日月が出てきたよ。
タオルくんもお休みの時間だね。
バイバーイ」

行事のことばかけ

七夕

お星さまたちのお祭り

　空にはたくさんのお星さまが光っています。お星さまはいつもみんな
を空から見ています。織姫さまと彦星さまも星の世界に住んでいるけ
れど、1年に1回しか会えないんだって。その会える日が7月7日です。
会えたらうれしいでしょうね。そしてお星さまに願いごとをするとかなう
んだって。みんなは何をお願いする?

絵本

みんなのおねがい

七夕の日、どんなお願いをするのか友達に聞いてまわる、ウサギのうーちゃん。最後は、みんなでお願いを書いた短冊を飾ります。

読み聞かせポイント

七夕前に読むと、七夕飾り製作のイメージも広がります。行事への期待感も増しそう。

ぶん／すとう あさえ
え／おおえ じゅんこ
ほるぷ出版

ばけばけばけばけ ばけたくん　おまつりの巻

食いしん坊なおばけの子ばけたくんが、お祭りの屋台でつまみ食い。食べたものに変身していると、子どもに見つかりそうになり…。

読み聞かせポイント

夏祭りの楽しさを伝えます。お祭りを経験した子がいたら、その話を聞いてもよいでしょう。

ぶん・え／岩田 明子
大日本図書

こわくない こわくない

あまのじゃくのまーくん。夢の中でおばけがまーくんをこわがらせても、「こわくない」とがんばります。だけど最後には…。

読み聞かせポイント

あまのじゃくなやりとりも楽しめる年齢なので、登場人物のかけ合いをおもしろがって読んで。

ぶん／内田 麟太郎
え／大島 妙子
童心社

とうもろこしくんがね‥

とうもろこしくんが畑から走り出し、大急ぎで向かった先は熱々の鍋の中。夏の野菜に親しめる、愉快な絵本です。

読み聞かせポイント

給食のコーンに注目したり、トウモロコシの皮むき体験などの食育につなげましょう。

さく・え／とよた かずひこ
童心社

ぱんつも いいな

おむつからパンツになったぼくが、いつでもどこでも用を足せる赤ちゃんや動物たちをうらやみつつ、成長の1歩を踏み出します。

読み聞かせポイント

パンツに挑戦し始める時期に最適。主人公に感情移入しながら、自信を感じられるはず。

作・絵／いとう ひろし
講談社

ありさん どうぞ

巣穴から出てきたアリが、きれいな隊列を組んで進みます。じっと見ていると、行き着いた先は、ぼくがこぼしたクッキーでした。

読み聞かせポイント

絵本を真ん中に置いて、子どもたちみんなで見ると、アリの観察のように楽しめます。

さく／中村 牧江
え／林 健造
大日本図書

うた

♪ **きらきらぼし**
訳詞／武鹿悦子　フランス民謡

♪ **たなばたさま**
作詞／権藤はなよ（補詞／林 柳波）
作曲／下総皖一

♪ **海**
作詞／林 柳波　作曲／井上武士

♪ **ふしぎなポケット**
作詞／まど・みちお　作曲／渡辺 茂

手あそび・うたあそび

♪ **ちいさなはたけ**
作詞・作曲／不詳

♪ **さかながはねて**
作詞・作曲／中川ひろたか

♪ **カレーライスのうた**
作詞／ともろぎ ゆきお　作曲／峯 陽

♪ **いとまきのうた**
訳詞／不詳　デンマーク民謡

子どもの育ち

7月

Gちゃん

♡ 7月のようす

でたー！

昼食前、おむつが濡れていたので「トイレに行ってみよう」と誘うと、便座に座るが、やはり出ない。午睡後におむつが濡れていなかったので、急いでトイレに座らせると、勢いよく排尿できた。Gちゃん自身が「出たー！」と、びっくりしていた。保育者が手を叩いて喜ぶと、自分でも拍手していた。

読み取り

10の姿 自立心

✧ この場面での子どもの育ち

おしっこをためることはできるようになってきているが、いつもおむつで排尿しているので、尿意を感じてトイレに行こうという感覚はまだないようだ。トイレに座ることには抵抗がなく、興味をもっている。排尿できたときの、うれしさを共感できた。

✳ 今後の手立て

本人がトイレで排尿できた喜びに加え、保育者に共感してもらったうれしさも積み重ねていきたい。おしっこをためられるようになったことを保護者に伝え、パンツの用意をお願いして、排泄の自立を進めたい。

Hくん

♡ 7月のようす

トイレでウンチ出たよ

すごーい

このところトイレでの排尿に成功しているので、"お兄さんパンツ"にはき替えるとうれしそうにしている。今日は午睡のとき以外はパンツで過ごした。「おしっこ出る」とトイレに行き、おしっこもウンチも出た。「トイレでウンチ出たよ！」と、得意げに保育者や友達に話していた。

読み取り

10の姿 健康な心と体

✧ この場面での子どもの育ち

おしっこをため、尿意を感じ、「出る」と伝えることができるようになり、ほぼ自立に向かってきている。パンツになったことが本人の自信となり、お兄さんになった、大きくなったという気持ちが育ってきている。ウンチが出る感覚も実感できた。

✳ 今後の手立て

保護者に園ではパンツで過ごしたいことと、失敗しても叱らず見守ることを伝える。トイレで座って行う排尿が安定してきたら、立ってする方に誘い、その際はパンツとズボンを足首まで下げるように促していく。

8月

ねらい

* 水あそびなど、夏ならではのあそびを十分に楽しむ。
* 衣服の着脱など、身の回りのことを自分でしようとする。
* 気の合う友達とあそびを楽しむ。

チェックリスト ✏

☐ 水あそびのあとは十分に休息を取り、子どもの体調変化に気を配る。

☐ エアコンを使用する際は、室内外の気温差に留意する。

☐ 自分で着脱ができるよう、一人一人に合わせて声をかける。

☐ 休み中のようすを連絡帳や口頭で知らせてもらい、体調を把握する。

☐ 安全に水あそびが楽しめるように、職員間で声をかけ合う。

やりとり ルール

変わるよ 信号機!

ねらい

＊ 簡単なゲームを通して、色感や反射神経、リズム感を育てる。

準備する物

信号札、ビニールテープ（赤・黄・青）

あそび方

1 1列になって歩く

　赤・黄・青のビニールテープで円を作ります。信号札を持った保育者と子どもたちが1列に並びます。「信号機　信号機　色が変わるよ　信号機」と言いながら、信号のまわりにそって歩きます。

2 信号札の色に入る

　数回繰り返し言ったら、「あ、変わるよ!」と言って保育者が立ち止まり、1本の信号札を上げます。子どもたちは上げた信号札の色の輪に入ります。

ことばかけ

「先生が持っている3つの色は何色かな？
同じ色の輪に入ってね」

保育者の援助

　子どもが無理なく歩けるように3つの円の間隔は広めに。円の大きさも子ども同士がぶつからないよう、大きめにとっておくことが大切です。

作り方

信号札

　割り箸の先端を絵のように両面から色画用紙ではさみ、両面テープなどでとめます。赤・黄・青の3色を作ります。

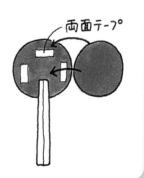

両面テープ

くるくる新聞紙

ねらい

* 身近な材料を使って、「引っ張る」行為を楽しむ。

準備する物

新聞紙ロール、丸い棒

＼ あそび方 ／

1 ロールの前に並ぶ

2～3個の新聞紙ロールを棒に通し、子どもが背伸びをして届く程度の高さに棒を持ちます。子どもは新聞紙ロールの前に並びます。

2 ロールを引っ張る

両手で新聞紙ロールの端を持ち、引っ張ってあそびます。全部伸ばしたら巻き直して繰り返しあそびましょう。

ことばかけ

「新聞紙ロールの端を持ったら、どれくらい長いか、引っ張ってみようね」

保育者の援助

新聞紙ロールを巻き直す時は、保育者が行います。力を入れて引っ張ると破けてしまうこともあるので、ゆっくり引っ張ることを子どもに話しておきましょう。

作り方

新聞紙ロール

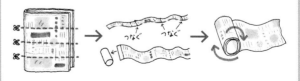

新聞紙を2枚重ねて絵のように4分の1に切る。

切ったものを両面テープでつなぎ、端をトイレットペーパーの芯にしっかり貼る。

新聞紙を巻きつける。

水まき合戦

ねらい

＊ 夏ならではの水あそびを全身で楽しみ、開放感を味わう。

準備する物

紙ひしゃく、バケツ、濡れてもよい服装

＼ あそび方 ／

1 チームに分かれる

子どもたちを2チームに分けて、水をまいても届かない距離に離れて立ちます。子どもはひしゃくを持ち、水を入れたバケツを各々のチームに1つずつ用意して、かけ合います。

2 水をかける

少しずつ相手チームとの距離を縮めながら水をまきます。徐々に近づき、お互いに水をかけ合ってあそびます。

ことばかけ

「このひしゃくで水をすくってまいてみようね。上手にできるかな」

保育者の援助

ひしゃくで水をすくい、何度か地面にまく練習をしてから始めます。それぞれのチームに保育者が一人ずつつき、いっしょにあそびましょう。

作り方

紙ひしゃく

①紙コップを3分の2の高さに切る。

②新聞紙を2枚重ねてA4サイズに折り、きつく巻いてクラフトテープでしっかりとめる。

クラフトテープ

③絵のように10cm程の切り目を入れて広げる。

④切り目を広げた新聞紙を紙コップに巻き、クラフトテープでしっかり固定する。

親子あそび　造形あそび

くるくるパズル

ねらい

* ものに興味をもち、絵に描いた
パーツをつなげることを楽しむ。

準備する物

口を閉めた牛乳パックに画用紙を巻い
たもの、クレヨン

あそび方

① 絵を描く

牛乳パック2個を合わせて、4面に動物や植物の絵を
保護者が描きます。子どもは色を塗ります。

② パズルをしてあそぶ

子どもがくるくる回して、それぞれの面を合わせ、
パズルを完成させます。

ことばかけ

「お父さんやお母さんといっしょに、好き
な動物やお花の絵を描いてみよう」

保育者の援助

絵が苦手な保護者もいるので、動物の写真や植物の
絵カードを用意しておき、それを見ながら描けるように
するとよいでしょう。

あそびのヒント

交換してあそぶ

隣にいる親子と作っ
たパズルを交換してあ
そんでみましょう。あ
そび終わったら、おみ
やげとして持ち帰って
もらっても喜ばれます。

ねらい

＊ 相手に合わせて力を加減すること
を経験する。保育者とふれあう。

(運動あそび)　(バランス感覚)　**協応性**

力いっぱい押そう

\ あそび方 /

1 保育者はあお向けになり、子どもは保育者の頭をは
さんで立ちます。

2 保育者は手をまっすぐに伸ばし、両足を上げます。

3 子どもは保育者の足を床のほうに押します。

あそびのポイント

足は床のほうにだけでなく、右や左に向かっても押し
てみましょう。

(運動あそび)　**跳躍力**　**空間認知力**

大波小波をジャンプ

ねらい

＊ タイミングを合わせてジャンプ
する。

準備する物

長なわ

\ あそび方 /

1 床に長なわを蛇行させて置きます。

2 左右交互に長なわをジャンプで跳び越えなが
ら進みます。

保育者の援助

保育者が先頭に立ってジャンプを見せることで、子ど
もが取り組みやすくなります。

＼形に合わせて／
○ちゃん△ちゃん□ちゃん

シンプルな形を動かしながら、いろいろなものを作って子どもの興味をひきましょう。

材料
厚紙、色画用紙、マグネット、ホワイトボード

導入

● 色画用紙を形に切って、厚紙で補強し、裏にマグネットを貼る。○には目と口を描く。
○以外をホワイトボードに並べて貼る。
△□の形をそれぞれ見せながら

「いろんな形があるよ。お山みたいな三角、絵本みたいな四角。
積み木あそびが始まるよ」

1
● 船の形に並べる。
「お船になって、チャプチャプ」

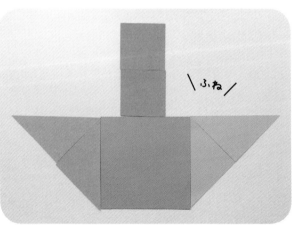

＼ふね／

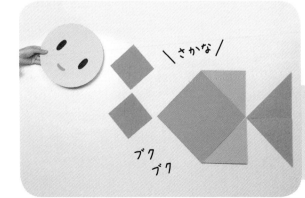

＼さかな／

ブク
ブク

2
● 魚の形に並べる。
「今度はお魚になって、ブクブク……。
あれれ？　○くんが来たよ」

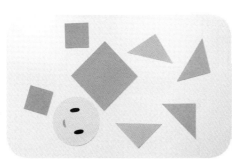

3

● バラバラにする。

「ドッカーン！ ぶつかっちゃった」

＼ヘビくん／

4

● ヘビの形に並べる。

「おこった□くんと△ちゃん。ヘビになって○くんを飲みこむぞ!」

5

● ○を顔に近づけて、謝るしぐさをする。

「ごめんね。○くん、いっしょにあそびたかったんだって」

＼うさぎさん／

6

● ウサギの形に並べ、ウサギのまねをする。

「みんな仲直り。ほら、みんなで作った仲よしウサギの完成。よかったね！ ピョン!」

行事の ことばかけ

夏の過ごし方

帽子をかぶろう　水を飲もう

　毎日暑いね。外であそぶときは必ず帽子をかぶろうね。帽子をかぶらないと、お日さまの熱で頭が暑くなって倒れちゃうことがあるんだよ。それから汗をたくさんかくと、体の中にある水がなくなって倒れることがあります。だからしっかり水を飲んでね。疲れたら涼しい部屋で休んで、元気がでたら、またあそぼうね。

Part 1

クラスづくり

8月

125

絵本

ふねくんのたび

男の子から手紙を預かったふねくんが、港町を目指して広い海をぐんぐん進みます。途中、嵐にあって転覆しかけるも難を逃れて…。

読み聞かせポイント

ドキドキやワクワク、ホッとする気持ちを感じられる1冊。「うみ」の歌をうたっても。

作・絵／いしかわ こうじ
ポプラ社

ひまわり

ヒマワリの種が小さな芽を出し、ページをめくるごとに「どんどこどん」と成長していきます。見開きに描かれる絵が迫力満点です。

読み聞かせポイント

成長が伝わるように、少しずつ声を大きくして読みます。本物のヒマワリも見ると◎。

作／和歌山 静子
福音館書店

トマトさん

小川に飛び込みたい真っ赤なトマトさん。でも体が重くて動けません。それを知った虫たちが、協力してトマトさんを転がし始めます。

読み聞かせポイント

前半では悲しそうな姿が、後半ではうれしそうな姿が伝わるように読みましょう。

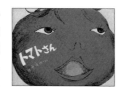

さく／田中 清代
福音館書店

ふるふるフルーツ

スイカ、バナナ、オレンジ、ブドウが集まって、フルーツパフェに大変身。オノマトペは、声に出して読むと楽しさが増します。

読み聞かせポイント

オノマトペを楽しみながら読みます。子どもたちが続いて声を出したときは、間を大切に。

文／ひがし なおこ
絵／はらぺこめがね
学研教育みらい

いもむしれっしゃ

虫たちを乗せて終点を目指すイモムシ列車が、途中でクモの巣につかまってしまい…。細かく描かれた虫の世界が楽しい1冊。

読み聞かせポイント

絵をじっくり見たい子が多いので、少しゆっくり読むよう、意識しましょう。

作・絵／にしはら みのり
PHP研究所

かかかかか

1匹の蚊が、「か」から始まる生き物を、次々にさしていきます。途中でさせないものにも遭遇し…。最後はくすっと笑えます。

読み聞かせポイント

蚊にさされた部分がよくわかるように、子どもたちと近い距離で読むのがおすすめです。

作／五味 太郎
偕成社

うた

♪ **オバケなんてないさ**
作詞／まき みのり　作曲／峯 陽

♪ **プールのなかで**
作詞／小春久一郎　作曲／中田喜直

♪ **水あそび**
作詞／東 くめ　作曲／滝廉太郎

♪ **金魚の昼寝**
作詞／鹿島鳴秋　作曲／原 賢一

手あそび・うたあそび

♪ **かみなりどんがやってきた**
作詞／熊木たかひと　作曲／鈴木 翼

♪ **1本橋こちょこちょ**
わらべうた

♪ **すいかの名産地**
訳詞／高田三九三　外国曲

♪ **木登りコアラ**
作詞・作曲／多志賀 明

I ちゃん

🖤 8月のようす

できた！

洗濯ごっこであそんだ。1枚のタオルを手でもむようにして水で洗い、物干しにかけて、取り込み（まだ濡れている）、たたむを繰り返していた。上手くたためないと「どうやってたたむの?」と保育者に聞きながら挑戦していた。四角くたためると「できた」と、うれしそうな笑顔だった。

読み取り

10の姿
思考力の芽生え

✨ この場面での子どもの育ち

洗う、干す、たたむの作業の流れはわかっていた。手と指の力がとても強くなってきていて、タオルを振ったり握ったりして洗っている。「どうすればいいの?」と自ら聞いて、「きれいにたたみたい!」という気持ちが育ってきている。

✳ 今後の手立て

「ゴシゴシしようね」と伝え、両手をたくさん使うよう促していきたい。洗濯バサミや物干しフックなどを用意することも検討しようと思う。乾いたらたたんで、棚の引き出しにしまう、までの一連の流れもいっしょに行いたい。

J くん

🖤 8月のようす

し・ん・け・ん
ゴシゴシ

洗濯ごっこで人形の洋服を洗った。Iちゃんと違い、絞る時は洗濯物をねじっていた。干すときは最初にシャツの形を整え、左手でシャツを持ち、右手で洗濯バサミを開いてと、とてもていねいで真剣な表情だった。シャツを干し終えると、次はズボン、ハンカチと、洗濯を楽しんでいた。

読み取り

10の姿
自立心

✨ この場面での子どもの育ち

指先に力を入れたり、細かい作業をしたりできるようになり、洗濯バサミを開くことも上手になってきている。人形のシャツやズボンを開いてきちんと形を整えているのには驚いた。きっとお母さんのやっていることをよく見ていて、模倣しているのだろう。

✳ 今後の手立て

きれいになった！

洗濯ごっこは泡が出る洗剤や、干しやすい高さのロープ、取り合いにならない数のタライと洗濯バサミ、お人形の洋服などを用意し、あそびがさらに楽しくなるように準備したい。広いスペースで行えるよう配慮する。

チェックリスト 🖉

☐ 日中と朝夕の気温差に留意し、衣服を調節する。

☐ 全身を使った運動がやりたくなるような環境を準備する。

☐ 子どもの好きな体操や、動きやすいテンポの曲を取り入れる。

☐ 運動会の準備など、家庭に協力してもらいたいことは早めに伝える。

☐ 避難訓練の意図をわかりやすく伝え、過度にこわがらせないようにする。

リズムあそび　みんなで

どんな音?

準備する物

キッチン用品の楽器、ばち（割り箸を2膳重ねて先端にビニールテープを固く貼る）

ねらい

＊ 身の回りのものに興味をもち、音を出すことを楽しむ。

あそび方

1 楽器をたたく

フライパンやなべにひもを貼って、持ち手を作ります。子どもたちは楽器を持ち、ばちで好きなようにたたきます。

2 みんなでたたく

みんなでいっしょにたたいて、いろいろな音を楽しみます。ピアノの伴奏といっしょにたたいても盛り上がります。

ことばかけ

「ここにおもしろい楽器があります。どんな音がするか、たたいてみようね」

保育者の援助

あそぶ前に「何に使う道具かな?」と聞き、子どもたちといっしょに考えてみましょう。保育者が1つずつ音を鳴らしてみます。

バリエーション

大型楽器風に

物干し竿などの長い棒に作った楽器をぶら下げて、両端を保育者が持つと大型楽器のできあがり。みんなで思いきり演奏してみましょう。

やりとり　みんなで

ユラユラ宇宙人

ねらい

＊ 広い場所であそびながら、友達とのやりとりを楽しむ。

準備する物

宇宙人人形、ロープ、長めの棒

＼ あそび方 ／

① 保育者といっしょに

ロープの端を棒に結び、宇宙人人形を通して反対側を子どもが持ちます。保育者と子どもが順番にロープを上げたり下げたりして、人形を移動させます。

上がりまーす！

② 子ども同士で

2人1組になってロープの端を持ちます。保育者も声をかけながら、順番に下げたり上げたりしてあそびましょう。

上手！

ことばかけ

「上げたり下げたりすると…宇宙人さんが動くよ。みんなであそんでみよう」

保育者の援助

保育者とあそぶ時はロープを長めに、子ども同士の時は短めにするとあそびやすくなります。上手く動かせない場合は援助するようにしましょう。

🐼 作り方

宇宙人人形

→

トイレットペーパーの芯に両面テープを貼り、50cm程度のスズランテープを3本貼りつける。

スズランテープを細かく裂き、色画用紙の目や口を貼る。

130

体を動かす　ルール

色イロ分けワケ

ねらい

＊ 色の感覚を育てながら、競技性の あるゲームを楽しむ。

準備する物

色画用紙などで赤・黄・青に色分けした 段ボール箱、3色の玉

あそび方

① 3チームに分かれる

スタートラインの先に3色の玉を置きます。少し 離れた場所に各色の段ボール箱を置きます。子ど もたちは3色のチームに分かれ、それぞれの色のは ちまきをつけます。

② 玉を選んで箱に入れる

「よーい、ドン！」の合図で自分のチーム色の玉を 選んで持ち、同じ色の段ボール箱に入れます。一 番早く全部の色の玉を運んだチームの勝ちです。

ことばかけ

「赤チームは赤い玉だよ！ 自分のチーム の色の玉を選んで運ぼうね」

保育者の援助

違う色の玉を選んでしまう子どももいるので、スター ト付近には保育者が待機をし、声をかけるようにします。 子どもの人数に合わせて玉の数を調整しましょう。

作り方

3色の玉

玉（小サイズ）

新聞紙1枚を丸めて各色 のお花紙で包み、テープ でしっかりとめる。

玉（大サイズ）

新聞紙8枚位を丸めて軽 くテープでとめ、各色のカ ラーポリ袋で包み、テープ でしっかりとめる。

親子あそび **やりとり**

朝だよ、起きて!

ね ら い

＊ いつもとは立場を逆転させ、子どもが大人の役になって楽しむ。

準備する物

バスタオル、園バッグや園帽子など

＼ あそび方 ／

① 子どもが起こす

親子で横になり、バスタオルをかけます。保育者の「コケコッコー!」の合図で、子どもが先に起きます。次に「朝です、園に行きますよ」の合図で、子どもが保護者を起こします。

② 顔を洗って髪をとかす

「顔を洗ってゴーシゴシ」で子どもが保護者の顔を洗うまねをし、「髪をとかして、ナーデナデ」で髪をなでます。

③ 布団をたたむ

「お布団たたんで行きますよ」で、バスタオルの端と端を親子で持ち、協力してたたみます。

④ バッグを持つ

「バッグを持って」で、子どもが保護者にバッグなどを持たせます。「帽子をかぶって」で帽子をかぶせ、2人で「行ってきまーす」をします。

ことばかけ ･････

「朝になったら、お父さんやお母さんを起こしてあげようね。できるかな?」

保育者の援助

「ゴーシゴシ」「ナーデナデ」の部分はリズミカルに言うと楽しさが増します。2、3回繰り返しても盛り上がります。

バリエーション

手をつないで回る

最後の「行ってきまーす」はみんなで言い、親子で手をつなぎながら飛び跳ねてその場でクルクル回ります。歌をうたってもよいでしょう。

 運動あそび ｜ 支持力 ｜ 柔軟性

アザラシとエビのポーズ

＼ あそび方 ／

1 アザラシは、うつぶせになり手をついて上半身を起こします。

2 エビは、アザラシから上半身をさらに反らし足を曲げて頭につけます。両方のポーズを交互に繰り返します。

アザラシ

あごを上げます。

頭につかないときは、無理しないようにしましょう。

エビ

🐰 あそびのポイント

エビのポーズでは、上半身を反らしたときにあごもしっかり上げると足がつけやすくなります。

運動あそび ｜ バランス感覚 ｜ 脚 力

ねらい

＊ 全身を使ってあそび、バランス感覚を身につける。

準備する物

ソフト平均台

ソフト平均台で綱渡り

＼ あそび方 ／

🍅 床に並べたソフト平均台の上を進みます。

バランスをくずして落ちてしまっても、その場からやり直しましょう。

慣れるまでは、両手を広げるとバランスがとりやすくなります。

🐰 あそびのポイント

慣れてきたら、ソフト平均台を一列に並べるだけでなく、ジグザグにするなど並べ方を工夫します。また、ソフト平均台を引っくり返して使うと難易度がさらに上がります。

シアター

＼ お誕生会に ／
あつまれ! カップケーキ

紙コップをケーキに見立てて、3段ケーキのできあがり。手品のように演じていきましょう。

材料

紙コップ（クリームの模様をぬる）、ポンポン

導入

● 紙コップを重ねて登場。

「お誕生日おめでとう！　きょうは、先生がケーキを作ったよ。えっ!?　小さいって?」

1

● 紙コップを1つずつはずして、見せる。

「でも、ケーキは1つじゃないよ!」

2つに
なった

2

● 次々に紙コップをはずして並べる。

「まだまだあるよ!」

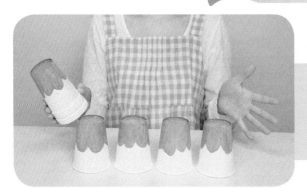

こんなにあるよ！

3

● 紙コップをケーキの形に積み上げる。
「みんな集まれ!　見ててね」

おめでとう

4

● 赤いポンポンをイチゴに見立てて飾りつける。
「3段のケーキのできあがり!　○○ちゃん、
おめでとう」

アドバイス

飾りつけにボタンや折り紙な
どを使ってみるなど、アレンジ
を楽しみましょう。

行事 の ことばかけ　## お月見

お月さまが、きれいだね

　今日はお月さまが、ボールみたいに真ん丸だよ。夜空にぽっかり浮かん
んで、とてもきれいです。じーっと見ていると、心の中がきれいになる
ような不思議な気持ちになります。お月さまには、何が住んでいるのか
な?　ウサギかな?　宇宙人かな?　よーく見ると何かの形が見えてく
るかも知れないよ。見えたら、先生にも教えてね。

135

絵本

おつきみおばけ

小さなおばけが、泣いていたウサギちゃんのために、お月見団子に変身します。でもウサギちゃんは大喜びしてかじってしまい…。

読み聞かせポイント

お団子や三方、ススキなど、お月見の風習を伝えて、十五夜に向けた製作活動につなげても。

作・絵／せな けいこ
ポプラ社

かじだ、しゅつどう

火事の現場に向かって出動する消防車と救急車。レスキュー車、スノーケル車も続きます。働く車を、臨場感たっぷりに伝えます。

読み聞かせポイント

防災の日に合わせて読みましょう。読んだあとは防災について伝え、避難方法の確認を。

さく／山本 忠敬
福音館書店

おにぎり

あつあつのごはんをぎゅっと握って、梅干しを入れたら三角おにぎりのできあがり。おにぎりがとってもおいしそう！

読み聞かせポイント

「ぎゅっ ぎゅっ」と握るまねをします。新米の時期なら、食育の活動におにぎりを作っても。

ぶん／平山 英三
え／平山 和子
福音館書店

あまいね、しょっぱいよ

甘い、酸っぱい、辛いといった味覚を体感する子ブタ。歯ごたえや、場の雰囲気の違いでも味が変わることを教えてくれます。

読み聞かせポイント

食育の時間に読んでも◎。給食のときに絵本のような言葉かけをしても楽しいでしょう。

え／ふくだ じゅんこ
グランまま社

はやく あいたいな

お互い、急に会いたくなったおばあちゃんと孫のよおちゃん。それぞれの家を目指すもすれ違い…。会えたときの喜びはひとしお。

読み聞かせポイント

「2人は会えるかな？」と思う子どもの気持ちに寄り添い、期待感を込めて読みましょう。

作／五味 太郎
絵本館

もっと もっと おおきな おなべ

キノコのシチューを作っていたネズミくん。大きなお鍋を借りようと、友達を訪ねていきます。最後はクマくんの巨大鍋を借りて…。

読み聞かせポイント

給食でシチューが出るタイミングで読むと、子どもは絵本の世界と重ねて大喜びです。

作／寮 美千子
絵／どい かや
フレーベル館

うた

🎵 **とんぼのめがね**
作詞／額賀誠志　作曲／平井康三郎

🎵 **虫のこえ**
文部省唱歌

🎵 **松ぼっくり**
作詞／広田孝夫　作曲／小林つや江

🎵 **きのこ**
作詞／まど・みちお　作曲／くらかけ昭二

手あそび・うたあそび

🎵 **三匹のこぶた**
作詞・作曲／不詳

🎵 **チョキチョキダンス**
作詞／佐倉智子　作曲／おざわたつゆき

🎵 **ワニの家族**
作詞／上坪マヤ　作曲／峯 陽

🎵 **のねずみ**
作詞／鈴木一郎　イギリス民謡

読み取ろう 子どもの育ち

9月

Kくん

💗 9月のようす

雨天だったため、乳児用のすべり台を保育室に設定した。魅力的なのだろう、一斉に子どもが集まってきた。Kくんは保育者が普段言っている言葉をまねし、「ジュンバーン! ジュンバン!」と大きな声で言いながら、順番を抜かしをしてしまった友達の手を引っ張り、正しい並び方まで教えることができた。

読み取り

10の姿 — 道徳性・規範意識の芽生え

✧ この場面での子どもの育ち

まだ言葉が少ないKくんが、「ジュンバン」という言葉とその意味をしっかりと捉え、友達にまで伝えたことに感動した。すべり台はKくんの大好きなあそびの1つで、自分も繰り返しすべりたい気持ちが強いだろうに、ルールを守れた姿はとても立派だった。

✳ 今後の手立て

すてきだったよ

ルールを守り、友達にもルールを守ることを伝えることができて立派だった。その場でほめると、照れたように笑っていた。今後も生活やあそびの場面で、ルールを守ることについてクラス全体で話す機会をつくりたい。

Lくん

💗 9月のようす

Lくんは、今日は気持ちが荒れているようだった。自分の使っていた玩具に手を出そうとした子にかみつこうとしたため、担任が「困ったときはお話しして伝えようね」と話すと、「うん」と頷く。しかし、その後も同じようなことでかもうとしたので、再度注意。すると「ワー!」と言いながら保育者に抱きついてきた。

読み取り

10の姿 — 自立心

✧ この場面での子どもの育ち

理由なく友達をかむということはないはずなので、玩具の数に配慮し、今後もLくんの姿を見守っていく。ケガが出ないようすぐそばであそびを見守り、イライラする思いにも寄り添いながら、思いを伝えたいときにはいっしょに言うなど、間に入って知らせていきたい。

✳ 今後の手立て

おいで

今日一日では、「かむ」という行為を止めることはできなかった。ただ2回目に注意した際には保育者に抱きついてきたので、言葉でうまく言えないイライラとの葛藤があったのではと思う。

第3期

10〜12月の保育の見通し

戸外で友達といっぱいあそぼう

気持ちのよい季節、戸外で友達と思い切り走り回り、開放的にあそびましょう。落ち葉やドングリを拾うなど、秋ならではのあそびも楽しいですね。

保育の見通し　生活面

食具の正しい持ち方を伝えて

食具の持ち方は3点持ち（鉛筆持ち）を意識できるよう、言葉をかけます。また、少し重みのあるスプーンを使用し、食事中のマナーについても少しずつ伝えましょう。

保育の見通し　あそび面

曲に合わせて、ジャンプ！リズムあそびに親しんで

リズムに合わせて手足を動かしたり、保育者のまねをしながら踊ったりすることを楽しめるようにします。さまざまなリズムの曲や歌を準備して、みんなで楽しめるようにしましょう。

あそびの幅を広げよう

友達とごっこあそびを楽しめるようになります。いま読んでいる絵本に合わせた素材や道具をそろえるなど、あそびが広がる援助をしましょう。

気持ち次第で生活習慣の完成へ

着替えやトイレなどに少しずつ自信がつく時期。一進一退、失敗するのも当たり前。できたときはいっしょに喜び、十分に認めましょう。

保育の見通し **人との関わり**

友達とのトラブルは育ちのチャンス!

友達との関わりの中でトラブルはつきもの。すぐに間に入って解決せずに、子ども同士のやりとりを見守り、必要があれば仲介をし、何と言えばよいか共に考えましょう。

保育の見通し **保護者対応**

トイレトレーニングは園と家庭で連携して

トイレでの排泄が増え、おむつが濡れることがなくなってきたらパンツに移行するチャンス。家庭でも見守ってもらい、いっしょにパンツへの移行を進めましょう。

保育の見通し **安全面**

指の間も意識して手洗いができるように

感染症が増える時期、手洗い・うがいを自ら行えるように導きましょう。せっけんの泡を使って、指の間や親指、手首までをていねいに洗うように声をかけます。

生活とあそびを支える

10〜12月の環境構成

食事は足がしっかりつくいすと胸より少し低い机を

足が床にしっかりつくと食べやすいよ！

安定した生活

食事の際、姿勢が気になるときはまずはいすと机の環境を見直してみましょう。足が届かない場合は調節台を使います。机は座った際に、胸より少し低い高さが適当です。

友達とのやりとりが増えたらごっこあそびを広げよう

発達を促す

友達とのやりとりが増えたら、ごっこコーナーを充実させましょう。お医者さん、おままごとなど子どもの興味・関心に合わせて道具や素材をそろえます。

食後の始末も子どもたちで！
やりやすい環境を整えよう

経験を増やす

食後の下膳（げぜん）も、少しずつ自分たちで行えるようになります。おわんはここ、フォークはこっち、とわかるように表示し、毎日同じように行うことで習慣づけられます。

難しいパズルに挑戦！
指先を使ってあそぼう

発達を促す

好きな形を作るんだ！

指先がさらに器用になり、難しいパズルや図形あそびにも挑戦できるように。難易度の高いパズルを用意し、十分に向き合えるように時間もできる限りつくります。

葉っぱやドングリで
思い思いのあそびに展開！

経験を増やす

散歩で拾ってきた色とりどりの葉っぱやドングリは、種類や色別で容器に入れておき、自由に選べるようにします。子どもの発想で、ごっこあそびや製作コーナーで大活躍！

ドングリや葉っぱは、自由な発想を後押しする素材。

友達と関わりながら、自然物で探求心も養われます。

この葉っぱ、見てー

これ、なんだろうね？

子どもの力が伸びる!

10〜12月の 保育者の援助

食具の持ち方など食事の 正しいマナーも伝えよう

手首を動かし、こぼさずに食べられるようになってきたら、フォークやスプーンの3点持ち（鉛筆持ち）に挑戦してみましょう。下握りから移行するので、正しい持ち方を伝えます。

言葉かけのコツ

「〜じゃなきゃダメ」といった言葉かけはNG。「3点持ちのほうが食べやすいよ」「〇ちゃんの持ち方を見てごらん」と、前向きに伝えましょう。食事の雰囲気を損ねないよう、あくまでも楽しい雰囲気を大切に。

手洗い、うがいで ばい菌をやっつけろ!

冬を前に、感染症が出始める時期。いっしょに手洗いし、できたことをどんどん認めましょう。紙芝居や「手洗いのうた」で導入し、洗い方やどうして手洗いをするのかという意味をていねいに伝えます。

言葉かけのコツ

手洗い場の前にイラストで手洗いの手順を表示し、いっしょに手洗いをしながら「爪の間も洗えたね!」「ばい菌さんを流すよ」と声をかけましょう。認められると、次もまたやってみようと思えます。

友達との関わりを
一歩引いて見守る

友達との関わりが増え、「いっしょにやろう!」「同じだね」といっしょにあそぶことを楽しんでいたら、保育者は一歩引き、見守りましょう。ただし、まだまだトラブルも多い時期。必要に応じて援助できる距離で寄り添います。

言葉かけのコツ

「おもしろそうなことしてるね」「いっしょにやる?」と、同じあそびに誘ったり、同じコーナーであそぶ子をつなげたりします。

洗濯バサミで
指先の巧緻性(こうちせい)を高める

指先をたくさん使うあそびは脳に刺激を与え、集中力、思考力を高めます。布と洗濯バサミを10個ずつ準備するだけでも、子どもたちの想像力であそびが広がります。

言葉かけのコツ

色を交互で並べたり、同じ色を集めたり、見本を見せながら「やってみる?」と声をかけると、子どもは飛びつきます。

暑すぎたり寒すぎたりしないよう
一人一人の服装を確かめる

少し寒いから上着を着ようね

日によって暑い日もあれば、肌寒く感じる日もある時期。家庭によって重ね着や薄着などさまざまなので、あそびながら一人一人のようすを確認しましょう。「寒いから、長袖にしようかな」と保育者が言葉をかけながら着脱を促すことで、子どもも「寒いときは長袖を着たほうがいい」と感じられるようになります。

言葉かけのコツ

長袖の季節になって、半袖よりも着替えが難しくなります。できるところまでは子どもに任せ、とまどったときに「いっしょにやろうね」とさりげなく手助けし、達成感を味わえるようにします。

10月

ねらい

* 全身を使った運動的なあそびを楽しむ。
* 秋の自然にふれながら、戸外のあそびを楽しむ。
* 自分の思いを保育者や友達に伝えようとする。

チェックリスト ✎

- ☐ 固定遊具や三輪車、ボール、なわなどの遊具・用具の安全性を確認する。
- ☐ 友達と楽しく関わりをもてる場を意図的につくる。
- ☐ 旬の食材に目が向けられるように、野菜の名前などを伝える。
- ☐ 保育参観や個人面談を通して、家庭と園のようすを伝え合う。
- ☐ 秋の自然にふれられる散歩ルートを確認しておく。

あそび

（見立て）（みんなで）

走れ！魔法使い

準備する物
ススキほうき

ねらい
＊ 自然物を使って自然への興味を
もち、元気よく体全体であそぶ。

\あそび方/

① 室内で
おそうじ

子どもたちに1本ずつス
スキほうきを渡します。み
んなで好きな場所をほうき
ではきます。

ほうきで
サッサッ

天井
とどくかな

② 外に出て
魔法使いに

園庭に出たら、みんなで
ほうきにまたがって魔法使
いに変身。園庭中を自由
に走り回ります。地面にほ
うきの跡が残るのも楽しい
でしょう。

びゅーん

飛べるかな
ぴょん
ぴょん

すごーい！

わーい！！

ことばかけ

「ほうきでおそうじをしましょう。部屋の
なかをピカピカにしようね」

保育者の援助

園庭やお散歩の途中でススキを採る時は手を切ってし
まうこともあるので、必ず保育者が行いましょう。穂先
が開ききっていないものを使います。

作り方

ススキほうき

ススキ7〜8本程度を穂の
根元をそろえてまとめ、ひも
などでしばります。子どもが
またがってちょうどよい長さ
（全長1m程度）に切りそろえ
ます。

合わせて、ぱっ!

ねらい
＊ 簡単なゲームを通して、友達と同じ色になることを喜ぶ。

準備する物
カラーカード（赤・青・緑）、いす

あそび方

1 ペアになって座る

子どもたちは2人1組のペアになります。最初の1組が前に出ていすに座ります。いすの後ろにカラーカードを置いておきます。

2 カードを1枚選ぶ

子どもたちは、相手に見えないようにカードを選びます。

どれにしようか？

んーと…

決めた！

3 カードを見せ合う

保育者の「○○ちゃんと○○くん、合わせて、ぱっ!」のかけ声で、子どもたちはカードを裏返して色を見せ合います。

あわせて

ぱっ！

4 同じ色なら成功

2人のカードの色が同じだったら成功。次のペアと交代します。違ったら再び後ろのカードを選び、成功するまで繰り返します。

成功！

おんなじ！

ことばかけ

「カードを1枚選んだら、お友達に見えないようかくしておいてね」

保育者の援助

カードを見せ合ったら、選んだカードが何色か聞いてみましょう。「好きな色は何かな？」と聞いてから次のペアに交代しても楽しめます。

作り方

カラーカード

段ボールを直径15cm程度の円に切ります。表側は絵のようにマークを描き、裏側は、それぞれ赤、青、緑の色に塗ります。3色1組で1人分とし、これを2セット用意します。

? 表　　裏

体を動かす　大型積み木

積み木道路

準備する物
大型積み木

\ あそび方 /

① コースを作る

子どもたちといっしょに積み木を並べてコースを作ります。

② 渡ってあそぶ

完成したら積み木の上を落ちないように渡ります。ゴールまできたら保育者と手をつなぎ、ジャンプで下ります。

スタート

間隔を少しあけて並べるのもおもしろい。

ゴール

ことばかけ

「積み木で道を作るよ。クネクネにしたり、でこぼこにしたりしてみようね」

保育者の援助

積み木の間隔をあけたり、2個重ねて少し高くしたりしてもおもしろいコースが作れます。ただし、落ちても危険がない高さにするなど、配慮しましょう。

バリエーション

楽しいポイントを作る

コースの途中に保育者とにらめっこをする「にらめっこゾーン」や、じゃんけんをする「じゃんけんゾーン」など、ふれあいが楽しめるようなチェックポイントを作ります。

あっぷっぷ

親子あそび 体を動かす

コロコロレース

ねらい

＊ 体が横に回転する感覚を楽しむ。

準備する物

マット

＼ あそび方 ／

① 子どもを転がす

子どもをマットに転がします。他の子どもとぶつかるのを避けるため、一定の方向で行います。

② 抱き抱えて走る

慣れてきたらマットの上で子どもを転がし、端まできたら子どもをスーパーマンのように保護者が抱きかかえ、ゴールまで走ります。

ことばかけ - - - - - - - - - - - - - - -

「マットの上をおいものように転がるよ。まっすぐコロコロできるかな」

保育者の援助

速く回転すると危険なこともあります。子どものようすを見ながら転がすよう、保護者に伝えてからあそびましょう。

バリエーション

みんなでコロコロ

マットを敷きつめて、みんなでいろいろなところから転がしてみましょう。ぶつからないよう気をつけます。

運動あそび　跳躍力　脚力

ピョンピョンジャンプ

＼あそび方／

1 保育者は足を大きく開いた状態で座ります。

2 子どもは保育者の横に立ち、保育者の足をジャンプで跳び越えます。

🐰 **あそびのポイント**

慣れてきたら、足の開きをせばめてみましょう。着地する範囲がせまくなるので、少し難しくなります。

運動あそび　バランス感覚　逆さ感覚

足の間でキャッチ！

ねらい
＊ 逆さで物をやりとりする。ボールの扱いに慣れる。

準備する物

ボール

＼あそび方／

1 子どもと保育者が背中合わせになり、肩幅ぐらいに足を開いて立ちます。

2 前かがみになり保育者が足の間を通るようにボールを転がし、子どもが受け取ります。

3 同じ姿勢で子どもから保育者に向けてボールを転がします。

下を向くときに頭を床にぶつけないよう配慮します。

ころころ～

シアター

\歌に合わせて/
ゾウさん

歌をうたいながら、軍手を使ったゾウさんの親子を可愛らしく演じましょう。子どもと1対1であそんでもよいですね。

材料

水色の軍手、シールつきフェルト

導入

● 両手に軍手をはめ、母親ゾウを後ろにかくして登場。

「お鼻がながーいよ。だれだろう？
　ゾウさんだね。
　みんなで、歌をうたってみましょう」

1

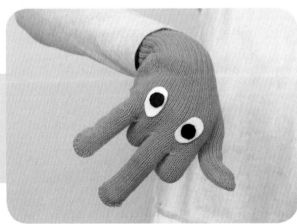

● 子ゾウの鼻を揺らしながら
　"ぞうさん"をうたう。

「♪ぞうさん　ぞうさん
　おはなが　ながいのね」

2

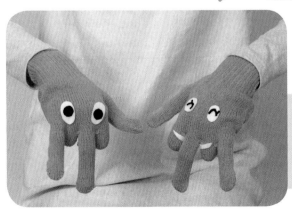

● 母親ゾウを出して、子ゾウに寄り添うようにしながら

「♪そうよ　かあさんも　ながいのよ」

3
● 両手を顔の位置まで上げて揺らす。
「♪ぞうさん　ぞうさん」

4
● 子ゾウに語りかけるように
「♪だーれが　すきなーの」

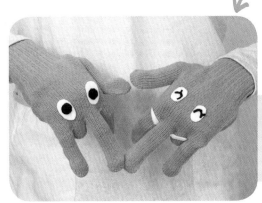

5
● 親子のゾウの鼻をくっつけて
「♪あのね　かあさんが　すきなのよ」

「ぞうさん」作詞／まど・みちお　作曲／團 伊玖磨

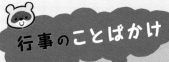

ハロウィン

外国のお祭りだよ

　このごろ魔女や黒猫、カボチャ、オバケの飾りを見かけませんか?　ハロウィンという外国のお祭りなんだって。変わった洋服を着ているのもおもしろいね。「トリック・オア・トリート」って言ってみて。これは「お菓子をくれないと、いたずらするよ」と言うことなんだって。言ったらみんなも、お菓子がもらえるかもね。

絵本

よーいどん！

かけっこ、跳び箱、網くぐりに水泳。最後は借り物競争で大わらわ。楽しい応援団もたくさん登場する、陽気で愉快な運動会です。

読み聞かせポイント

跳び箱上りなどをあそびに取り入れるのもオススメ。絵探し要素はじっくり楽しんで。

文／中川 ひろたか
絵／村上 康成
童心社

ねばらねばなっとう

納豆たちがテーブルで繰り広げる運動会を、童謡「静かな湖畔」のメロディに乗せて、うたい読みできる替え歌絵本。

読み聞かせポイント

覚えやすいメロディなので、ぜひうたい読みをしてみましょう。より楽しさが伝わります。

作／林 木林
絵／たかお ゆうこ
ひかりのくに

ハロウィン！ハロウィン！

ハロウィンの日、ドラキュラに変装したたろうくん。動物たちの変装にも手を貸してあげて、いざ、おばあちゃんの家へ向かいます。

読み聞かせポイント

「トリック　オア　トリート」など、ハロウィンにまつわる言葉を覚えるきっかけにも。

さく／西村 敏雄
白泉社

どんぐり とんぽろりん

「ぱらぱら　とんとん」と、木がたくさんのドングリを落としました。そこへリスとクマがやって来て、秋の実りを存分に味わいます。

読み聞かせポイント

言葉の響きがとても魅力的なので、ゆっくり、はっきりと読むように意識しましょう。

作／武鹿 悦子
絵／柿本 幸造
ひさかたチャイルド

おいしいおと

揚げ春巻きにホウレンソウのおひたし、ウインナーにカボチャ煮…。お口に入れてもぐもぐとかんだら、おいしい音が聞こえてきます。

読み聞かせポイント

十人十色の読み方があってよいので、下読みでイメージを膨らませ、自分の音をつかんで。

ぶん／三宮 麻由子
え／ふくしま あきえ
福音館書店

おいもを どうぞ！

くまさんがサツマイモをブタさんにおすそ分けすると、今度はブタさんがその半分をお隣にあげて…。思いやりの心にほっこり。

読み聞かせポイント

友達を思いやる気持ちを伝えます。おやつがサツマイモの日に読むとさらにうれしくなります。

原作／柴野 民三
文・絵／いもと ようこ
ひかりのくに

うた

♪ **どんぐりころころ**

作詞／青木存義　作曲／梁田 貞

♪ **かもつれっしゃ**

作詞／山川啓介　作曲／若松正司

♪ **山の音楽家**

訳詞／水田詩仙　ドイツ民謡

♪ **こおろぎ**

作詞／関根栄一　作曲／芥川也寸志

手あそび・うたあそび

♪ **おべんとうバス**

作詞／真珠まりこ　作曲／中川ひろたか

♪ **なっとう**

作詞・作曲／不詳

♪ **げんこつやまの
たぬきさん**

わらべうた

♪ **やきいも
グーチーパー**

作詞／阪田寛夫　作曲／山本直純

子どもの育ち

Mちゃん

💗 10月のようす

　散歩で友達と手をつなぎ出発しようとすると、「○ちゃんとつなぎたい」とMちゃんがぐずりはじめた。○ちゃんはすでに別の子とつないでいて、替わろうとはしない。Mちゃんに「帰りにつないでもらおう」と話すが「今じゃなきゃイヤ!」と納得しない。結局、保育者とつなぎ、みんなの後ろから歩いた。

読み取り

10の姿 協同性

✦ この場面での子どもの育ち

　自己主張がはっきりしていて、どうしてもその気持ちを通したいようだ。自我が育ってきている証拠ともいえ、成長の段階と頭では理解しているが、他の子を待たせ、散歩の時間が少なくなると思うと焦ってしまった。もっと余裕をもって対応していきたいと思う。

✳ 今後の手立て

　自我の芽生えは大人にとってはときどき扱いにくい場面があるが、成長の1つ。いくつかの選択肢を用意し、本人が選び、本人が決定する経験を積み重ね、大切に育てたい。散歩は楽しく行えてよかったと思う。

Nくん

💗 10月のようす

　「今日は○公園へお散歩に行きます」と話すと、自分で靴下をはき、帽子をかぶってと準備を始めたNくん。散歩中も歩きながらよそ見をしたり、段差を歩いたりと楽しそう。ときどき保育者のまねをして、「車、きまーす」「自転車でーす」と、大きい声で言っていた。公園では追いかけっこに夢中だった。

読み取り

10の姿 健康な心と体

✦ この場面での子どもの育ち

　見通しをもって、大好きな散歩の準備ができた。歩きながら、あちこちに目がいき、葉っぱにさわってみたり、段差に上がってみたりして一見落ち着かないように思うが、車が来ることなど周りをよく見ていて、しかもみんなに伝える行為に感心させられた。

✳ 今後の手立て

　大好きな散歩では"道を歩くときのルール"があることを事前に知らせておく。「公園に着いたらたくさんあそぶよ」と期待をもたせ、なぜルールを守って歩くのかということも繰り返し伝えていきたい。

11月

ねらい * * * * * * * * * * *

* 気の合う友達と、簡単な言葉のやりとりを楽しみながらあそぶ。
* ガラガラうがいの仕方を知り、健康に過ごす。
* 秋の自然物にふれ、楽しむ。

チェックリスト ✏

☐ 子どもに使ってほしい言葉を積極的に口にし、伝える。

☐ 自然物への発見に共感し、興味を深めるあそびへと誘う。

☐ うがいの仕方を図や絵でわかりやすく示し、手本を見せる。

☐ 手洗いやうがいなど、家庭でも取り組んでもらえるよう伝える。

☐ 手ざわりや音など、五感を働かせて環境とふれあえるようにする。

あそび

リズムあそび　ルール

サイコロダンス

準備する物

ランランサイコロ

ねらい

＊ みんなでいっしょに動くことでお互いを知り、交流を深める。

\ あそび方 /

1 円になって唱える

全員で手をつないで円をつくります。手を前後に振りながら「何が出るかな　ランランラン」と2回唱えます。

2 サイコロを振る

手を離し、保育者がサイコロを振ります。

3 出た目の動きをする

出た目を見せて保育者が「○○が出ました」と言います。手をつなぎながら「みんなで○○、○○」とリズムをとり、サイコロで出た動作をします。

4 子どもが振る

再び2の動作から繰り返し、サイコロは保育者から時計回りに順番で子どもが振ります。同様に繰り返します。

ことばかけ

「サイコロを振って、出た目のまねっこをするよ」

保育者の援助

あそぶ前にサイコロの目に書いてある動きを、みんなでひと通り練習してみましょう。サイコロは全員が振るまで繰り返しあそびます。

作り方

ランランサイコロ

1辺40cm位のサイコロを作ります。6面それぞれに動作を書き込みます。

●ピョンピョン（両足で跳ねる）
●グルグル（一方向に回る）
●キック（片足を上げる）
●ケンケン（片足で跳ねる）
●カニカニ（横歩き）
●パチパチ（拍手）

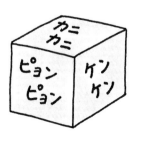

ビリビリ新聞紙

ねらい

＊ 「破く」行為を通して、集中力と指先の使い方を覚える。

準備する物

新聞紙

\ あそび方 /

① 保育者が破く

新聞紙は縦に破きやすいことを伝えながら、1枚をゆっくりと半分に破いてみせます。

ビリビリ

② 2人で破く

子どもたちは2人1組になり、新聞紙1枚の端と端を持って破いてみます。

ビリビリッ

③ どんどん細かく

さらに半分に破ります。これを繰り返し、どんどん細かく破きましょう。新聞紙3〜4枚を2人で破きます。

小さくなるよ〜！

④ 一人で破く

今度は一人に1枚ずつ渡し、破いてみます。このとき床の上に新聞紙を置くと破きやすいです。

ビリビリ

ことばかけ

「端っこと端っこを持って引っ張ると…ほら、ビリビリ半分に破けたよ」

保育者の援助

新聞紙は縦の方が破きやすいことを伝えますが、よく理解できない場合も。横向きで破きにくそうにしている子どもには声をかけ、気づかせます。

バリエーション

新聞紙のお風呂

破ったものをビニールプールや大型の段ボール箱に入れます。「新聞紙のお風呂だよ」などと言いながら、全員で中に入ってあそびましょう。

シャンプ〜

体を洗いますよ〜

見立て みんなで

フライングピザ

ねらい

＊ 腕や手首の使い方を覚え、友達と
同じあそびを楽しむ。

準備する物

フライングピザ

\ あそび方 /

1 飛ばす練習をする

保育者といっしょにピザを飛ばします。慣れてきたら保育者と子どもは少し離れてスタンバイします。

2 保育者へ飛ばす

保育者が「ピザ1枚お願いします。○○くん」と言ったら、名前を呼ばれた子どもは「お待たせしました」と言ってピザを保育者に飛ばします。一人ずつ順番に行います。

3 全員で飛ばす

保育者が「ピザ、全部お願いします」と言ったら、全員が一斉に保育者に向かってピザを飛ばします。

片手で上から
投げます。

片手で左から右へ
投げます。

両手で下から上へ投げます。

1枚 お願いします

お待たせ
しました！

全部 お願いしまーす！

ことばかけ

「おいしそうなピザを、上手に投げて届けられるかな」

保育者の援助

ピザは、あらかじめシールなどを用意しておき、子どもたちが貼って飾りつけてもよいでしょう。飛ばす練習をする時は広い場所で行います。

作り方

フライングピザ

紙皿の上に鈴を1つのせて、もう
1枚でふたをするように重ねる。端
を5、6か所ホチキスでとめて裏に
セロハンテープを貼って保護する。

赤や黄色、緑などの
シールでピザらしく飾
りつける。

ペンギンあいさつ

ね ら い

＊ 動物の動きを楽しみ、あいさつ
　を交わす。

準備する物

色画用紙（黄色はくちばし、黒は羽形
に切る）、牛乳パック、黒い丸シール、
セロハンテープ、のり、ペン

\ あそび方 /

1 羽とくちばしを作る

ペンギンの羽部分は、
黒色の色画用紙をペン
でしごいてカールさせま
す。くちばしは、黄色の
色画用紙で三角形を半
分に折ります。

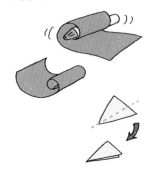

2 牛乳パックに貼る

牛乳パックに羽とくち
ばしを貼ります。

三角形を開いて
のりつけ

セロハン
テープ

3 目を貼る

ペンギンの目（丸シー
ル）を貼ります。

4 あいさつをする

ペコリとペンギンを傾
けるしぐさをしながら、
保護者とあいさつしてあ
そびます。

こんにちは

こんにちは

ことばかけ

「牛乳パックに羽とくちばし、目を貼ると
…何ができるかな？」

保育者の援助

羽をしごく作業は、保護者が手伝うと子どもでもでき
ます。なるべくいっしょに作り、子どもが達成感を得ら
れるよう保護者へ声かけしましょう。

あそびのヒント

友達といっしょに

ペンギン人形の扱
いに慣れたら、友達と
いっしょにあそんでみ
ます。「おはよう」「さ
ようなら」など、いろ
いろなあいさつをして
みましょう。

ヘビさん綱渡り

\\ あそび方 /

1 床にいろいろな形のカーブを描くように長なわを置きます。

2 長なわの上を、両手を左右に伸ばしてバランスをとりながら進みます。

保育者の援助

急カーブは難しいので、緩やかなカーブでいろいろな形になるように長なわを置きます。

長なわの上を
歩きましょう。

Part
1
クラスづくり
11
月

運動あそび　バランス感覚　跳躍力

片足ケンケン

ねらい

* バランスよく片足でジャンプする経験をする。保育者とふれあう。

\\ あそび方 /

1 子どもと保育者が向かい合って手をつなぎ、片足で立ちます。

2 片足を上げたまま、その場でケンケンをします。左右交互に行います。

保育者の援助

バランスを崩しそうだからと急に腕を引っ張ると肩を痛める可能性があるので、気をつけましょう。

慣れてきたら、つま先でケンケンしてみましょう。

ピョン！　ピョン

\くつ下を使って/
仲よしヘビくん

くつ下を両手にはめながら、ヘビくんをニョロニョロとユニークに
動かしましょう。

材料

靴下、動眼、毛糸、ボンボン

\作り方/

毛糸を
束ねたもの

ボンボン

動眼
ボンボン

動眼

各パーツを
両面テープ
で貼る

導入

● ヘビ人形を両手にはめて登場する。

「こんにちは！ 仲よしヘビくんです。
2匹はダンスが大好き！ 見ててね」

1

● ヘビ人形の全身をクネクネさせる。

「ニョロニョロ、クネクネ楽しいな」

クネ
クネ

ニョロ
ニョロ

2

● 口の部分をかみ合わせるようにクネ
ネさせる。

「こんにちは。こんにちは。
今日も楽しくニョロニョロダンス！」

3
● ヘビ人形を向かい合わせるようにして、クネクネさせる。

「プヨヨンピヨヨン、ゆかいだな」

4
● ヘビ人形を背中合わせにして、こすり合わせるようにする。

「背中がかゆいよ、ゴシゴシゴシゴシ」

仲よし
ハート♥

5
● ヘビ人形を踊らせながら、ハートの形を作る。

「最後は、仲よしハートになりました! おしまい」

行事のことばかけ

勤労感謝の日

働いてくれて、ありがとう

　みんなのお父さん、お母さんはどんな仕事をしていますか? 　会社で働く人もいれば、家で働いている人もいるよね。みんなのお世話をしてくれるのは誰? 　給食を作ってくれるのは? 　おうちを掃除してくれるのは? 　働いてくれる人がいるから、みんなは幸せに暮らせるんだね。今日は「ありがとう」の気持ちを伝えましょう。

おおきくなったの

赤ちゃんがミルクを飲んで、たくさん泣いて、抱っこされて、3歳まで健やかに成長するようすを描き、七五三について伝えます。

読み聞かせポイント

大切に見守られながら成長したことを感じられるよう、子どもたちへ言葉をかけましょう。

ぶん／すとう あさえ
え／つがね ちかこ
ほるぷ出版

おやまごはん

リズミカルな言葉で、チャーハンができる過程を描いた絵本。台所で包丁がニンジンやピーマンをうたいながら切っていきます。

読み聞かせポイント

包丁さんの気持ちで読みましょう。クイズ形式の部分は、子どもとのかけ合いを楽しみます。

さく／西内 ミナミ
え／和歌山 静子
偕成社

ねこのおいしゃさん

どんな病気も気合で治す、ネコのお医者さん。病院はいつも患者さんでいっぱいです。ある日、奥さんのおなかが痛くなって…。

読み聞かせポイント

気合を入れる部分は子どもに大人気。ごっこあそびで、ネコのお医者さんのまねをしても。

ぶん／ますだ ゆうこ
え／あべ 弘士
そうえん社

ばけばけはっぱ

落ち葉の中に隠れているのは誰かな？ 落ち葉や木の実でできた動物が姿を現す、クイズ形式の楽しい写真絵本。

読み聞かせポイント

落ち葉の季節のお散歩に持参しても。絵本のように、葉っぱで表現をしてあそびましょう。

文と写真／藤本 ともひこ
ハッピーオウル社

もりのてぶくろ

手袋のような形の落ち葉が落ちています。動物たちが手を当ててみるも、大き過ぎたり小さ過ぎたり。最後に男の子が来ると…。

読み聞かせポイント

お散歩で、落ち葉にそっと手を重ねる子も。絵本から生まれた体験を大切にしたいですね。

ぶん／八百板 洋子
え／ナターリヤ・チャルーシナ
福音館書店

ぎょうれつ ぎょうれつ

お母さんに呼ばれたサムは、積み木や本、手近にあるものを並べて、長い行列を作りながらお母さんの元へ向かいます。

読み聞かせポイント

実際にブロックを並べて、どのくらい長くなるか、絵本のようにあそんでみましょう。

絵と文／マルサビーナ・ルッソ
訳／青木 久子
徳間書店

うた

♪ **紅葉**
文部省唱歌

♪ **赤とんぼ**
作詞／三木露風 作曲／山田耕筰

♪ **松ぼっくり**
作詞／広田孝夫 作曲／小林つや江

♪ **七つの子**
作詞／野口雨情 作曲／本居長世

手あそび・うたあそび

♪ **大きな栗の木の下で**
作詞／不詳 イギリス民謡

♪ **コンコンきつね**
作詞／不詳 アメリカ民謡

♪ **おせんべやけたかな**
わらべうた

♪ **おちたおちた**
わらべうた

読み取ろう 子どもの 育ち

○くん

♥ 11月のようす

△くんが○くんに押されて転び、大泣きしていた。○くんは「ごめんね」と何度も謝るが、△くんは意地になってそっぽを向いている。○くんは許してくれないと寂しそうにし、そのうち泣き出してしまった。保育者が△くんに○くんの気持ちを伝えると「いいよ」と言ってくれ、○くんはやっと笑顔になった。

読み取り

10の姿 道徳性・規範意識の芽生え

✧ この場面での子どもの育ち

仲直りできたときの○くんのほっとした笑顔が、印象的だった。友達とのやりとりが複雑になり、ケンカの後にすぐに仲直りができないことも多い。しかし、ケンカを通して、気持ちが通じ合わなくて悲しいとか、仲直りできてうれしいという気持ちを経験できている。

✳ 今後の手立て

単純なケンカでも、子どもは心を痛めてしまう。「ごめんなさい」で終わりではなく、お互いの話をよく聞いて、どうしてケンカになったかを紐解き、お互いが納得しすっきりした気持ちになるよう仲立ちをしたい。

Pちゃん

♥ 11月のようす

手作りの電子レンジで○ちゃんがご飯をチンしてあそんでいると、Pちゃんもそばに行っていっしょに中を覗いていた。以前トラブルがあったため、「手を出してひっかくのでは」とドキッとするが、「まだだった?」と、○ちゃんに聞いていた。「まだだよ」と○ちゃん。その後、2人で会話を続け、いっしょに電子レンジを楽しんでいた。

読み取り

10の姿 協同性

✧ この場面での子どもの育ち

電子レンジを2人で覗き、会話している姿はとても微笑ましく、Pちゃんを「友達に手を出す子」と見ていたことを反省した。友達と気持ちが通じ合い、あそびを楽しむことができている。また、生活を再現した、ごっこあそびを展開できていた。

✳ 今後の手立て

友達とあそぶことが楽しいという気持ちにお互いがなれるよう、保育者も意識的に仲立ちをしていくようにする。また、Pちゃんの課題や気になる姿を、保育者が肯定的に捉えていけるようにもしたい。

12月

ねらい

* 保育者の促しで、身の回りのことを自分でしようとする。
* 友達と遊具を使い、全身を十分に動かしてあそぶ。
* 身近な素材で、製作を楽しむ。

チェックリスト

- ☐ 定期的に湿度と室温を確認し、薄着で快適に過ごせるようにする。
- ☐ 鼻の拭き方や、かみ方をていねいに知らせる。
- ☐ 子どもの作品を展示し、自分で作った満足感を味わえるようにする。
- ☐ 体調について、家庭とこまめに連絡を取り合う。
- ☐ 鈴やタンバリンなどの楽器を楽しめるようにする。

あそび

みんなで　新聞紙

フワッと新聞紙

準備する物

新聞紙シート（新聞紙15枚分をクラフトテープで貼り合わせる）、風船

ねらい

＊ 友達と協力しながら、いっしょにあそぶ喜びを感じる。

あそび方

1 みんなで動かす

新聞紙シートの四つ角を子どもたちが持ち、上下させたり、持ったまま移動したりします。

2 フワフワごっこ

子どもたちが新聞紙シートの下に座り、保育者がシートの端を持って上下させます。

3 風船を転がす

四つ角を子どもたちが持ち、新聞紙シートの上に風船を置きます。保育者も補助しながら風船を転がしたり、バウンドさせたりしてあそびます。

ことばかけ

「見て見て！　大きなシートだよ。みんなで端を持って動かしてみようね」

保育者の援助

シートの端にもクラフトテープを貼っておくと、持ちやすくなります。動かす時は「いち、に！」など、リズムよく声をかけましょう。

バリエーション

バウンドさせながら歩く

上手に風船を動かせるようになったら、風船を大きくバウンドさせながら歩いてみます。保育者がリードしながら、ゆっくりと歩くことがポイントです。

体を動かす　見立て

ゴーゴー! サンタ号

ねらい
＊ 保育者と息を合わせながら体を動かし、一体感を味わう。

準備する物
サンタ号、サンタの帽子、ツリー（ツリー形の色画用紙を模造紙に貼る）、ツリーに貼るシール（星や丸形など）

あそび方

① サンタ号に入る

ゴール地点にツリーを貼り、スタート地点にサンタ号を置きます。順番を決めて並び、先頭の子と保育者は帽子をかぶります。シールを子どもの手の甲に貼り、サンタ号に入ります。

② 前へ進む

キャタピラをまわすようにサンタ号で前進し、ツリーを目指します。

がんばれ～

③ シールを貼る

ゴールに到着したらサンタ号から降り、ツリーの好きなところにシールを貼ります。

④ 戻ってバトンタッチ

スタート地点まで走って戻り、次の子どもにバトンタッチ、帽子を渡します。全員がツリーにシールを貼って、ツリーを飾りつけます。

タッチ！

ことばかけ

「先生といっしょにサンタ号に乗って、ツリーを飾りつけに行こうね」

保育者の援助

手の甲のシールはあらかじめ選んでもらい、貼ってから並ぶとスムーズ。サンタ号は子どもたちと進む経験を重ねてからあそびましょう。

作り方

サンタ号

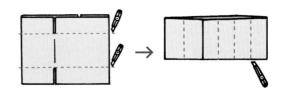

段ボール板を絵のように切り落とし、筒状にする。

上の図のように軽く切り目を入れ、折り目をつける。

【リズムあそび】 【やりとり】

カレーライスが食べたいな

＼あそび方／

1 グループに分かれる

保育者はコックさんの
帽子をかぶります。子ど
もたちは赤（お肉）、オ
レンジ（ニンジン）、黄色
（タマネギ）、茶色（ジャ
ガイモ）のグループに分
かれ、それぞれの色のス
カーフを首に巻きます。

2 唱える

保育者が前に立ち、手
拍子をしながら「カレー
ライスが　食べたいな
カレーライスが　食べた
いな」と唱えます。

カレーライスが
食べたいな

3 呼ばれたら手をつなぐ

「オレンジ色の　ニン
ジンさん!」と1つのグル
ープの名前を呼びます。
呼ばれたグループが前
へ出て手をつなぎます。

ニンジン
さん

4 みんなで手をつなぐ

手をつないだまま、再
びみんなで2と同様に唱
え、違うグループ名を呼
びます。同じ要領で続け
てメンバーを増やし、全
員そろったら「カレーラ
イス　できました!」と言
います。

カレーライスが
食べたいな

ことばかけ

「カレーライス、好きかな？　中に何が入
っているか知ってる？」

保育者の援助

スカーフは手首に巻いてもOK。グループに分けたら、
「お肉さんチーム、手をあげて」などと聞き、自分のチー
ムを、もう一度確認できるようにします。

バリエーション

おいしく食べるまね

最後に保育者が「最
後は　おいしく　いた
だきます」と言い、み
んなを抱きしめましょ
う。「パクッ」と食べる
まねをして、一人一人
の体にタッチしても盛
り上がります。

いただき
ま〜す

ロケットはっしゃ!

ねらい

＊ 親子でスキンシップを楽しみながら、大きく体を動かす。

準備する物

いす、ロケットの炎

\ あそび方 /

① 敬礼のポーズ

子どもの足首に炎をつけます。親子で向かい合って立ち、保護者が「ロケット、宇宙へ出発します」と言ってお互いに敬礼します。

出発します

② 太ももを上る

保護者はいすに座り、「階段のぼって」と言って手をつなぎます。子どもは保護者が伸ばした足の上を太ももまで上ります。

階段のぼって

③ ロケットのポーズ

保護者は「準備完了、秒読み開始!」と言い、子どもの両脇を支えます。「5、4、3、2、1」で子どもは両手を上に伸ばしてロケットのポーズをします。

5、4、3、2、1

④ 持ち上げる

「発射!」と言いながら、保護者は子どもを上にグーッと持ち上げて立ちます。

発射!

キャッ

ことばかけ

「みんなロケットって知ってる？　5つ数えたら、ビューンと宇宙へ飛んでいくよ」

保育者の援助

ぬいぐるみなどを使って、全体の動きを見せてからあそびます。「○○くん、高く飛べたね」など、子どもが喜びを感じられるような言葉かけも大切です。

作り方

ロケットの炎

輪ゴム

結ぶ

15cm
ぐらい

スズランテープを30cm程度の長さに2〜3本切る。それを半分に折り、輪ゴムを結びつけたものを2本作る。

子どもの両足に装着する。

運動あそび 　脚 力 　リズム感覚

手つなぎグーパー

\ あそび方 /

1 　保育者は足を開いて座り、子どもは足の間に立って保育者と手をつなぎます。

2 　保育者が「グー」「パー」と声をかけ、子どもは足を閉じたり開いたりしてジャンプします。

保育者の援助 ・・・・・・・・・・・
　上にジャンプしづらい子の場合には、保育者は脇を持って持ち上げるようにしてグーパーします。

グーパー
グーパー

グー

パー

運動あそび 　バランス感覚 　協応性

バックオーライ

\ あそび方 /

　フープを持ってハンドルのようにぐるぐると腕を動かしながら、後ろに進みます。

保育者の援助 ・・・・・・・・・・・
　保育者はあそびに加わり、子ども同士がぶつからないよう、ようすを見守れる位置につきましょう。

バックしまーす

\ 新聞紙を使って /
お手伝い

洗濯、掃除、料理、赤ちゃんの世話と新聞紙を使って楽しくお手伝いしていきましょう。

材料

新聞紙

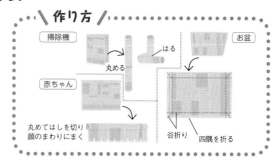

\ 作り方 /

掃除機　　はる　　お盆
丸める
赤ちゃん
丸めてはしを切り　　谷折り　　四隅を折る
顔のまわりにまく

導入

\ パンパン /

● 新聞紙を持って登場。

「みんなは、おうちのお手伝い好き？　先生も大好き！　今日もたくさんお手伝いするぞ！まずは洗濯物を干しましょう」

1

● 筒状に丸めて折り、セロハンテープでとめ、掃除機に見立てる。

「次はお掃除。掃除機でぴっかぴか」

\ ガーガー /

2

● 新しい新聞紙を取り出し四隅を折ってお盆に見立てる。お皿やコップをテーブルに置くしぐさをしながら、

「次はごはんよ。できたわよ〜。今日はハンバーグ。はいどうぞ」

スヤスヤ

3

● 胸の前に広げ、布団に見立て寝るしぐさをする。

「あ～あ、疲れちゃったわ。 ちょっとお昼寝」

4

● 丸めてはしを切り、顔のまわりに巻く。
赤ちゃんのしぐさをする。

「あれれ、赤ちゃんが泣いてるよ。
オギャア、オギャア」

バァー

5

● 広げて破いた部分を内側に折り込みなが
ら、おくるみの形にし、赤ちゃんをあや
すしぐさをする。

「よしよし、抱っこね。 いい子、いい子」

行事のことばかけ クリスマス

サンタクロースさん、来てね

　クリスマスツリーがきれいですね。お星さまや天使が飾ってあったり、ピカピカと色とりどりのライトが光ったりしているね。クリスマスは神様のお誕生日です。この日は、赤い帽子に白いおひげのサンタクロースもやって来ます。みんなのところにも、プレゼント持って来てくれるとうれしいね。

絵本

サンタのおまじない

クリスマスイブ、けんちゃんに届いたプレゼントは、苦手な野菜ばかり。でも、サンタさんの手紙にあるおまじないを唱えると…。

作・絵／菊地 清
冨山房

読み聞かせポイント

「いち にい サンタ」のおまじないをしっかり伝え、大きな声で言うと楽しさが増します。

おんがくたいくまちゃん

くまちゃんたちが好きな楽器を選んで鳴らし始めます。その音でちゃいくまちゃんが目を覚まして…。合奏の楽しさが伝わる絵本。

ぶん／シャーリー・パレントーえ／デイヴィッド・ウォーカーやく／福本 友美子
岩崎書店

読み聞かせポイント

子どもたちが楽器にさわりたいと感じるお話なので、ぜひふれる機会をつくりましょう。

1ぽんでもにんじん

おなじみの曲「1ぽんでもにんじん」を、かわいい絵で描いた1冊。子どもたちとうたいながら、数を数えると盛り上がりそう！

構成・絵／長野 ヒデ子
のら書店

読み聞かせポイント

ぜひうた読みを。数を確認したい子もいるので、ようすを見ながらページをめくって。

びりびり

破いた黒い紙から生まれた、謎の生き物「びりびり」。時計を食べたり、雨ぐつを食べたりして、どんどん形を変えていきます。

作／東 君平
ビリケン出版

読み聞かせポイント

「びりびり」とのやりとりを楽しみながら読みましょう。黒い紙で「びりびり」を作るのも◎。

ドアがあいて…

薄暗い待合室で、壊れたおもちゃたちが待っています。ドアが開いて出てくると、次のおもちゃが入り…。最後はほっとできるお話。

作／エルンスト・ヤンドゥル
絵／ノルマン・ユンゲ
訳／斉藤 洋
ほるぷ出版

読み聞かせポイント

不安やうれしさなど、絵本の世界が絵だけでなく耳からも伝わるように、ていねいに読んで。

とんとんとん

かずきくんの家に来たものの、マンションのどの部屋かわかりません。順にトントンとドアをたたいてみると、楽しい住人が出てきて…。

作・絵／あきやま ただし
金の星社

読み聞かせポイント

ドアをたたくまねをしながら読むと、誰が出てくるかワクワクドキドキする気持ちが高まります。

うた

🎵 **ジングルベル**
訳詞／宮澤章二
作曲／ジェームズ・ピアポント

🎵 **おもちゃのチャチャチャ**
作詞／野坂昭如（補詞／吉岡 治）
作曲／越部信義

🎵 **あわてん坊のサンタクロース**
作詞／吉岡 治　作曲／小林亜星

🎵 **赤鼻のトナカイ**
訳詞／新田宣夫　作曲／ジョニー・マークス

手あそび・うたあそび

🎵 **てをたたこう**
作詞・作曲／不詳

🎵 **グーチョキパーでなにつくろう**
作詞／不詳　フランス民謡

🎵 **お寺のおしょうさん**
わらべうた

🎵 **あぶくたった**
わらべうた

子どもの 育 ち

Qちゃん

♡ 12月のようす

がたことがたこと

「三びきのやぎのがらがらどん」の絵本を読み聞かせすると、Qちゃんは保育者と同じタイミングで「かたこと! かたこと!」「がたん、ごとん! がたん、ごとん!」と繰り返し楽しそうに言っている。トロルが出てくる場面になると目を手で隠すようにしながらも、指の隙間からにこにこして見ていた。

読み取り

10の姿
豊かな感性と表現

✧ この場面での子どもの育ち

絵本が大好きで、中でも「三びきのやぎのがらがらどん」を読んでもらっているときは、楽しそうにしたり、怖がったり、うたうように言葉を言ったりと夢中になっている。お話しの内容を理解していて、自分の世界観で物語を楽しんでいる。

✳ 今後の手立て

トロルになる!

「先生、絵本楽しい。また読んで!」という気持ちがもてるよう、絵本を読むときは心を込め、読み聞かせをしていきたい。その後、がらがらどんやトロルになって追いかけっこや表現あそびにつなげていきたい。

Rくん

♡ 12月のようす

トロルだぞ

ここ最近クラスではやっている「三びきのやぎのがらがらどん」ごっこで今日もあそんだ。昨日までは、Rくんはヤギの役を楽しんでいたが、今日は「先生とトロルをやりたい」とトロルのお面をつけて張り切っていた。「ようし! ひとのみにしてやるー」と爪を立てて、トロルになりきってセリフを言った。

読み取り

10の姿
思考力の芽生え

✧ この場面での子どもの育ち

爪を立てて顔にはしわを寄せ、精一杯怖いトロルを表現し、なりきって楽しんでいる。登場人物の言葉をしっかりと覚えていて、「ようし! ひとのみにしてやるー」のセリフを言ったことには驚いた。がらがらどんから、ちょっと怖いトロルにも関心が移ってきたようだ。

✳ 今後の手立て

ヤギも作る!

どの役でもすぐに楽しめるようお面は多く作っておくようにする。小道具や効果音などを準備し、がらがらどんごっこをより楽しめるようにしながら、言葉のやり取りをたくさんしていくようにしたい。

第4期

1〜3月の 保育の見通し

集団での楽しさを体感

お集まりにも慣れ、絵本を読んだりお話を聞いたりといった集団活動もできるように。あそびも集団で楽しめるものを取り入れましょう。

保育の見通し **生活面**

排泄を自立させて自信をもって生活を

トイレトレーニングも完成の時期。排泄ができるようになったら、ペーパーの切り方や拭き方を伝えます。排泄に自信をもつと、幼児クラスへの自信にもつながるでしょう。

保育の見通し **あそび面**

はさみやのりを使って製作あそびを楽しもう!

指先が器用になり、自分で自由な製作あそびが楽しめるようになります。シール貼りや、のりなど、指先を使った製作を楽しめるように、子どもにわかる環境で準備しましょう。

自分であそびの材料を作る

はさみの1回切り、2回切りにも挑戦し、少し難しい技法の製作あそびもできるように。あそびで必要なグッズも、自分たちで作ろうとします。

成長を感じられる話を

4月になると幼児クラスへ進級します。この1年の出来事を振り返り、できるようになったことを実感し、次年度へのやる気につなげましょう。

保育の見通し 人との関わり

集団あそびやお集まりに慣れていこう

少しずつ集団を意識した活動を取り入れます。集団あそびでは「むっくりくまさん」「だるまさんがころんだ」など、簡単なルールのあそびから取り組むのがおすすめ。

保育の見通し 保護者対応

子どもの甘えを大いに受け止めて

進級が近づいてくるこの時期は「もうすぐ大きいクラスだから」と言いがちですが、まだまだ甘えたい気持ちを受け止められるよう、保護者にも伝えていきましょう。安心、安定を保障し、自信をつける後押しを。

保育の見通し 安全面

使いやすい環境で手洗い・うがいの完成を

手洗い、がらがらうがいのやり方を保育者が示し、いっしょに行って正しく行えるように配慮します。「ジブンデ」の気持ちが強いので、見守って応援しましょう。

生活とあそびを
支える

1〜3月の 環境構成

はさみは1回切りに挑戦！
置き場所には十分な配慮を

チョキン、チョキン。
はさみももう
使えるよ！

発達を促す

製作あそびでは1回切りからはさみに挑戦しましょう。はさみの持ち方、運び方、渡し方はていねいに伝え、どうして危ないのかも繰り返し伝えましょう。

刃を出して置かないなど、理由をきちんと伝えると、子どもも納得できます。

製作コーナーに素材や
道具を揃えよう

発達を促す

ビー玉で
色がついたよ！

シール貼りやのりなど、指先を使った製作を楽しめるように環境を整えます。自分で必要なものを考えて準備できるよう、色分けした容器などを用意するとよいでしょう。製作あそびではさまざまな技法を取り入れ、興味・関心を引き出します。

集まる場所は
わかるよう工夫を

経験を増やす

少しずつ集団で集まるようになってくるので、絵本や手あそびを見る時間を設けましょう。なかなか座ってくれない、集中が途切れ動きが多い子には簡単ないすを用意したり、マークをつけたりして、座る場所を明確にしてあげましょう。

簡単なルールのある
あそびが楽しめる環境を

経験を増やす

順番に渡っていくよ！

友達とイメージを共有し、同じあそびを楽しめるように道具や遊具を揃えましょう。簡単なルールであそぶうちに、集団の意識も少しずつ芽生えてきます。

進級にむけてワクワク、
幼児クラスを体験！

安定した生活

進級に向け、少しずつ幼児クラスの空間に慣れるよう幼児クラスの体験日をつくったり、案内ツアーを行ったりします。子どもが「楽しそう！」「4月からも大丈夫」と、期待をもてるようにしましょう。

あそぼう〜

うん！

担任以外の保育者とも関わる機会をつくることも大切です。

子どもの力が
伸びる！

1〜3月の

保育者の援助

寒さに負けずに
戸外でたっぷりあそぼう

寒くても外に出て、体を動かしてあそびましょう。保護者の方に協力してもらい、動きやすい服装を準備してもらいます。準備体操やダンスをしてしっかりと体を温めてからあそびに入りましょう。

言葉かけのコツ

寒くて外に出たくない子もいるでしょう。無理強いは必要ありませんが、外で集団あそびであそぶうちに、体はポカポカになります。「外でだるまさんがころんだをやるよ！」と保育者が率先して体をたくさん動かしましょう。

製作あそびは導入と、
環境での援助が第一！

製作あそびに慣れてくると、もっと作りたいという欲求が強くなります。細長く切った紙を用意してはさみの1回切りに挑戦したり、絵本を読んでから節分におにのお面を作ったりするなど、導入や準備からのアプローチを考えましょう。

言葉かけのコツ

子ども一人一人のようすを把握し、はさみが苦手な子には「いっしょにやろうね」と、後ろから支えるなど援助します。集中の短い子は壁に向かって座るなど、視界を狭めることも一案です。

みんなの前で
話す経験もしてみよう

手あそびや絵本などで、お集まりを楽しい生活の一部にします。はじめは5～8分、集中できればOK。話す速さ、声の大きさに配慮しましょう。ときには、一人がみんなの前に立ってインタビュー風に答えるのもよいですね。

言葉かけのコツ

「今日は、給食に入っていた○○の話をみんなで聞くよ」と、担任以外の調理師や看護師からの話を入れるのもおすすめです。

進級の不安を受け止め
自信に変える援助を

進級は子どもたちにとって大きな変化です。期待もありますが、不安もたくさん。保育者に甘えたい気持ちが出てきたときは思い切り甘えさせて、プレッシャーではなく期待を膨らませられるようにします。

言葉かけのコツ

「○○ちゃん、先生のおひざで絵本、読もうか」「がんばってるね。お姉さんだね」などと声をかけ、安心感を大切にします。

ままごとあそびのやりとりを見れば、
子ども同士の関わりの成熟度がわかる

年間を通じて、ごっこあそびをしてきた2歳児。改めて、ままごとあそびに注目してみましょう。譲ったり、話し合いをしたりして役割分担を決める姿が見られるようになります。気持ちの切り替えや、話し合いをするきっかけを、あそびを通じて経験できるように見守りましょう。

言葉かけのコツ

少しのケンカはすぐに解決させず、子ども同士で話し合えるよう仲立ちします。「○○ちゃんはこうしたいんだって、△△くんはどう思う?」と、子どもが言葉にできない思いを橋渡ししましょう。

1月

チェックリスト

☐ 加湿器や空気清浄器を定期的に清掃し、適切な湿度を保つ。

☐ 子どもが取りやすい場所にティッシュペーパーとごみ箱を置く。

☐ お正月の雰囲気を感じられるような飾りやあそび道具を置く。

☐ 子どもが求めたら、すぐにかけられるよう音楽を用意しておく。

☐ ごっこあそびが継続して楽しめるよう、小道具を準備する。

あそび

やりとり　みんなで

当てっこドア

Part 1

クラスづくり

1月

準備する物

当てっこボックス

ねらい

＊ クイズ形式のあそびや、出題者になるおもしろさを味わう。

あそび方

① 出題者が中に入る

順番に出題者を決めて、出題者は当てっこボックスの後ろのドアから中へ入ります。このとき、どちらのドアから顔を出すか決めておきましょう。

② 当てっこする

保育者は答える側の子どもたちに、赤と青、どちらのドアの後ろに出題者がいるか聞きます。

③ 名前を呼ぶ

「○○くーん」と出題者の名前を呼びます。出題者は返事をしながら、あらかじめ決めておいたドアから顔を出します。交代して繰り返しあそびましょう。

最初は○○くんだよー

赤いドアだと思う人？

は〜い

青だよ〜

○○くーん！

は〜い

ことばかけ

「赤と青、どちらのドアから顔を出すか、当てっこしてみようね」

保育者の援助

ボックスの中に入るのがこわい子どももいるので、入り口は大きめにします。「○○くん、中はどうですか?」などと声をかけてもよいでしょう。

作り方

当てっこボックス

子どもが2人入れる程度の大きな段ボール箱に、絵のように切り込みを入れます。2つのドア部分は、それぞれ赤と青に色づけします。

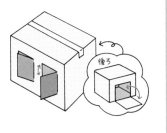

後ろ

もちつきペッタン!

ねらい

＊ ごっこあそびのイメージをふくらませ、スキンシップを楽しむ。

＼ あそび方 ／

1 手をつなぐ

保育者と子どもが向かい合って両手をつなぎます。

2 2人でジャンプ

2人で「もちつき　ペッタン　ペッタン」と唱えながら、リズムに合わせてその場でジャンプ。何度か繰り返します。

3 つけたか聞く

保育者が「つけたかな?」と聞き、子どもが「まだだよ」と答えたら、再び2の動作を繰り返します。

つけたかな?

まあだだよ

4 食べるまね

再び保育者が「つけたかな?」と聞きます。子どもが「もういいよ」と答えたら、保育者は「いただきまーす」と子どものおなかをくすぐりながら食べるまねをします。

キャー!!

いただきまーす!

ことばかけ

「おもち、食べたことある?　どんな味だった?　びよーんって伸びるよね」

 **保育者の援助**

あそぶ前に、もちつきが登場する絵本を読んで気分を高めておきましょう。慣れてきたら、友達とペアになってあそんでも楽しめます。

パリエーション

みんなでペッタン

全員で円になって手をつなぎ、真ん中におもち役が入ります。2と同様にジャンプ。3と同様に外側の子が聞き、4と同様におもち役が答えたら、全員で食べるまねをします。

みんなで　ルール

動物すごろく

ねらい

＊ お正月ならではのあそびを通して、行事に対する認識を深める。

準備する物

動物サイコロ、フープ（8本）、サイコロと同じ動物の絵カード（7枚。1種類だけ2枚）

Part 1 クラスづくり

1月

\ あそび方 /

1 サイコロを転がす

フープと絵カードを並べ、スタートとゴールを決めます。スタート地点から一人ずつ順番にサイコロを転がします。

2 フープの中に入る

出た絵柄と同じ絵柄のフープに入ります。絵柄の上を何度も行ったり来たりしながらサイコロをふり、ゴールの絵柄が出たら終了。次の子へバトンタッチします。

もう1回
ウサギが出たら
ゴール！

えいっ！

スタート

ゴール
→

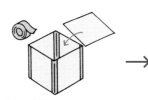
ことばかけ

「サイコロを振って、出た動物さんと同じところに入るよ。何が出るかな？」

保育者の援助

一人ずつ進むので、順番待ちの子どもたちが飽きないよう、「次は何の動物が出ると思う？」などと話しかけて会話を楽しみましょう。

作り方

動物サイコロ

段ボール板を40cm×40cmに切ったものを6枚作り、角をクラフトテープで貼りあわせながらサイコロ型に組み立てる。

各面に色画用紙で作った動物の絵柄（ネコ、ウサギ、ゾウ、イヌ、ネズミ、ワニなど）を貼る。

183

すてきな洋服作り

ねらい

* 好きなシールを貼ることを楽しみ、指先の運動にもつなげる。

準備する物

洋服の形に切ったカラーポリ袋（大小）、シール、両面テープ

\ あそび方 /

1 シール貼る

好きなシールを選び、両面テープでカラーポリ袋に貼ります。

2 試着する

自分だけのオリジナルの洋服が完成したら、実際に着てみます。

3 お披露目

自慢の洋服を着て、みんなでファッションショーをします。保護者も作り、親子で登場してもよいでしょう。

ことばかけ

「おしゃれでかっこいいお洋服を作るよ。好きなシールを選んで貼ってね」

保育者の援助

両面テープが扱いにくい場合には、保護者がセロハンテープを輪にして、子どもに渡してもらってもいいでしょう。

バリエーション

オリジナル感アップ！

色画用紙で車や花をかたどったもの、毛糸をちょう結びにしたリボンなどを用意してもよいでしょう。

運動あそび 支持力 柔軟性

ねらい

＊ 保育者とふれあってあそぶ。柔軟性を高める。

背中をぐいーん

\ あそび方 /

1 子どもはうつぶせになり、保育者が子どもの足首に軽く座ります。

2 両手をつなぎ、保育者が少しずつ手を引っ張り、子どもは上体を反らします。

保育者の援助 ・・・・・・・・・・・・・・・・・・・・

子どもの様子を見ながら徐々に引っ張ります。

あごを上げます。

- -

運動あそび バランス感覚 跳躍力

ねらい

＊ 着地を見定めてジャンプする。続けてジャンプする。

ジャンプでヘビから逃げろ！

準備する物

長なわ

\ あそび方 /

1 長なわをまっすぐに伸ばし、間隔をあけて3本並べます。

2 長なわをヘビに見立て、ふれないように、ジャンプで跳び越えます。保育者が先に跳んで見せましょう。

あそびのポイント

長なわの数を増やしたり、広い範囲にバラバラに並べたりして変化をつけてみましょう。

ピョン！

両足跳びを意識しましょう。

ロープが近すぎると跳びにくいので間隔に注意。

シアター

\ 風船を使って /

真っ赤な風船くん

リンゴ、トマト、タコさん、お日さまと赤い風船を楽しく見立てていきましょう。

材料

赤い風船、色画用紙、画用紙、うちわ

導入

● 風船の上部に目、口をつけて登場。飾りつけはセロハンテープを輪にしてつけ、机の上などに置く。

「こんにちは。真っ赤な風船くんだよ。いろんなものに変身するのが大好きなの」

1

● 風船の上部を見せて、リンゴの葉をのせる。

「頭に葉っぱをつけたら……。リンゴちゃん!」

真っ赤なリンゴ

2

● 風船にトマトのへたをつける。

「今度は、トマトに変身したよ!」

型紙
287ページ

theater → theater186-01

3

● タコの足をつける。
「ニュルニュルニュルニュル……。タコさんだ!」

ピカピカお日さま!

4

● 色画用紙を細長く切って、切り込みを入れたものを風船のまわりに貼る。
「ピカピカピカピカ。お日さまになって……」

パタ
パタ

5

● うちわで風船を飛ばす。
「飛んで行った!」

行事のことばかけ

正 月

新しい年がやってきました

　あけましておめでとうございます。お正月はどんなふうに過ごしましたか?　新しい年の始まりです。丸いおもちにミカンをのせた鏡もち。おうちで見たかな?　おもちは食べましたか?　お雑煮、焼いたおもちもおいしいよね。こまを回したり、さいころを振ってすごろくをしたり、凧を上げて楽しくあそびましょう。

絵本

あけましてのごあいさつ

大掃除や門松飾りなど、お正月を迎える準備をたくさんお手伝いするみいちゃん。最後は、元気よく新年のあいさつをします。

ぶん／すとう あさえ
え／青山 友美
ほるぷ出版

読み聞かせポイント

大掃除やお正月の買い出しなど、冬休み中の思い出を聞きながら、読み進めましょう。

おもち！

「ぺったん　ぺったん　ぺたぺったん」とお餅をつくと、お餅が動物に変身しました。愉快な言葉と絵で、餅つきを楽しめます。

文／石津 ちひろ
絵／村上 康成
小峰書店

読み聞かせポイント

お餅つきの場面は、テンポよく読みます。お餅が伸びるところは、伸ばす言葉を意識して。

ゆきのひ くろくま

雪の日、くろくまくんが雪だるまを作りました。すると不思議なことに朝が来るたび、小さな雪だるまが1つずつ増えていきます。

さく・え／たかい よしかず
くもん出版

読み聞かせポイント

雪あそびにつなげましょう。作った雪だるまを並べて絵本の世界を再現しても。

にんじん だいこん ごぼう

昔はニンジンもダイコンもゴボウも真っ白でした。それがあるきっかけで、今の色になったという昔話をもとにした楽しいお話。

再話・絵／植垣 歩子
福音館書店

読み聞かせポイント

身近な野菜に興味をもつきっかけになります。実物を用意して、ふれる機会を設けても。

バスなのね

男の子がいすを並べて、バスごっこを始めます。いつの間にか動物のお客さんが乗ってきて、本物のバスのように走り出します。

ぶん／中川 ひろたか
え／100%ORANGE
ブロンズ新社

読み聞かせポイント

いすを並べてバスごっこをしましょう。ハンドルと帽子を用意すると盛り上がります。

そらはだかんぼ！

ライオンくんが毛皮を脱ぐとクマくんになり、クマくんが裸になるとたろうくんに。お風呂に入ることが楽しくなりそうな1冊。

作／五味 太郎
偕成社

読み聞かせポイント

「おかしいね」の部分は、子どもたちの顔を見ながら、会話をするように読みましょう。

うた

♪ お正月
作詞／東 くめ　作曲／滝 廉太郎

♪ ゆきのぺんきやさん
作詞／則武昭彦　作曲／安藤 孝

♪ たこの歌
文部省唱歌

♪ 雪
文部省唱歌

手あそび・うたあそび

♪ くいしんぼ
　ゴリラのうた
作詞／阿部直美　作曲／おざわたつゆき

♪ ごんべさんの
　赤ちゃん
作詞／不詳　アメリカ民謡

♪ 正月さんの
　もちつき
わらべうた

♪ 八百屋のお店
作詞／不詳　フランス民謡

読み取ろう 子どもの 育ち

1月

Sちゃん

💛 1月のようす

えーっとね…

　カルタを出すと「やりたい」と加わってきたSちゃん。読み手になっていた保育者がその場を離れると、Sちゃんは読み札を持って自分で読もうとしたが、文字がまだ読めないので、絵札を見ながらオリジナルに読んでいた。周りの子が「ちがう」「へん」と言うこともなくカルタは進み、満足そうだった。

読み取り

10の姿
数量や図形、標識や文字などへの関心・感覚

✨ この場面での子どもの育ち

　何度かカルタであそんだ経験から、ルールを理解して、友達とあそぶことができた。絵札を見てイメージしたことを、即興で表現する力には感心した。自分が読むと友達が真剣に下を向いて取ってくれることが誇らしく、自信にもなったと思う。

今後の手立て

どうぶつかるただ!

　読み手になったり、取り手になったりしながら、カルタやカードあそびを友達と楽しんでいきたい。動物や乗り物、物語など、子どもたちの興味・関心の深いカルタも揃え、語彙を増やしていきたいと思う。

Tくん

💛 1月のようす

ザクザクしてる

　外の倉庫の横にしゃがみ込んで「なんかあるよ! きて! きて!」と叫んでいた。△くんが行くと「ここの土、さわってみて、ザクザクしてる」と伝えている。その後も2人で顔を見合わせながら「冷たい」「溶けちゃう」「氷だ」と観察していた。砂場から器を持ってきて、それを採ってみんなに見せて歩いていた。

読み取り

10の姿
自然との関わり・生命尊重

✨ この場面での子どもの育ち

　2人が真剣に観察していたので、「これは霜柱って言うんだよ」と伝えようかどうか迷ってしまった。氷（霜柱）を見つけてびっくりし、その感動を誰かに伝えたい気持ちが溢れていた。△くんとさわって、冷たい、ザクザクしてる、溶けちゃうなど感触を共感し合っていた。

今後の手立て

氷だー

　この季節ならではの自然を自らの感覚で発見することができ、素晴らしい経験となった。今後も寒い日に器に水を張って氷への変化を体験したり、図鑑で不思議な事象を調べたりし、探求心を育てていきたい。

Part 1 クラスづくり **1月**

189

＊ 身の回りのことを自分でできたという満足感を味わう。

＊ 友達と楽しく関わりながら、相手にも思いがあることを知る。

＊ 冬の自然に興味をもち、ふれる。

2月

チェックリスト

- ☐ エアコンの設定湿度に気をつけ、適宜、換気を行う。
- ☐ 霜柱やつららが見られた際は、見たりふれたりできる機会をつくる。
- ☐ 食事の状況に応じて、必要なマナーを知らせる。
- ☐ 進級に向けての取り組みを知らせ、上履きなどを用意してもらう。
- ☐ 活動の切りかえの際には、トイレに誘ってみる。

あそび

みんなで　体を動かす

おしくら　わっしょい!

準備する物

わっしょい雪だるま

ねらい

＊ スキンシップをとりながら、体全体を使って寒さを吹き飛ばす。

Part **1**

クラスづくり

2月

あそび方

① おしくらまんじゅう

わっしょい雪だるまを真ん中にし、みんないっしょに背中合わせで円になり、おしくらまんじゅうをします。

② おみこしごっこ

背中合わせのまましゃがみ、手をつなぎます。雪だるまを背中で支えながら「せーの!」の合図で立ち上がり、そのまま「わっしょい　わっしょい!」と言って移動できるかチャレンジします。

ことばかけ

「雪だるまさんがあそびに来たよ。みんなとあそびたいんだって」

保育者の援助

雪だるまをたたいたりけったりしないよう、あらかじめ話しておきましょう。人数が多いとあそびにくいので、その場合はグループに分けて行います。

 **作り方**

わっしょい雪だるま

新聞紙を丸めて白のカラーポリ袋いっぱいに詰め、口を輪ゴムでしばる。角を太めの透明テープでとめて丸みをつける。

２つ作り、とめ口同士が重なるように袋を重ねて太めの透明テープでとめる。色画用紙などで目や口をつける。

191

冒険アスレチック

ねらい

＊ ごっこあそびでイメージを広げ、体のバランス能力を育てる。

準備する物

マット、とび箱、柔らかい素材の大型ブロック、水色のポンポン（4個程度）、フラッグ（ストローに折り紙をつける）

＼あそび方／

1 コースを作る

いろいろな道具を工夫してアスレチックのコースを作り、スタートとゴールを決めます。

2 1人ずつスタート

順番を決めてスタート。「大型ブロックの飛び石」をまたいだら、「とび箱の船」に乗ります。

3 フラッグでゴール

「マットのトンネル」をくぐって、「ブロックの階段」にのぼり、フラッグを取ってゴール。

スタート

ゴール

ブロックの階段

ブロックを、子どもが上がれる程度の階段状に重ね、フラッグを取ってゴール！

とび箱の船

船を左右に揺らしたり、ポンポンを波に見立てて子どもにかけたりする。

ザップーン　ザッパーン

大型ブロックの飛び石

子どもがまたげる程度の間隔で、ブロックを置く。

ことばかけ

「船に乗ったり、トンネルをくぐったりして宝島まで冒険に行こう！」

保育者の援助

大型ブロックの飛び石は、子どもがまたげる程度の間隔で置くようにします。コースを越える時は、必ず保育者が補助しましょう。

🐼あそびのヒント

ワクワクを引き出す

「あっ！　島が見えた。もうすぐ着くね」「長いトンネルをくぐったらゴールだよ」などと声をかけて、冒険のイメージを広げましょう。

もうすぐ島だ！

みんなで　体を動かす

玉投げ おに退治

準備する物

おにの的、玉

\ あそび方 /

1 的を貼る

おにの的を壁に貼り、少し離れた場所にラインを引きます。

2 玉を投げる

「おには外!」と言って、おなかをめがけて玉を投げます。命中するとおなかに玉がくっつきます。

ことばかけ ---------------------------

「大きなおにがいるよ。『おには外』と言って豆を投げて退治しよう」

保育者の援助

玉の投げ方は、あらかじめ保育者が伝えておきます。的の距離は近くにして、玉がくっつきやすくしておきましょう。

作り方

おにの的

色画用紙や模造紙で絵のようにおにを作る。

面ファスナー（凹部分）を丸く切り、油性マジックで的を描く。おなかにしっかり貼る。

玉

ティッシュペーパーを5枚程度丸め、セロハンテープを軽くコーティングするように貼る。

面ファスナー（凸部分）を十字に貼る。

なかよし電車

ねらい

* あいさつを交わし、他人と関わる楽しさを感じる。

準備する物

フープ、赤と青のカード（4枚）、テーブル

\ あそび方 /

1 テーブルへ走る

テーブルの上に赤、青のカードを2枚ずつふせて並べておきます。床にはフープをおきます。4組の親子が「よーい、スタート」の合図で一斉にテーブルまで走ります。

2 カードをめくる

テーブルの上のカードを1枚めくり、色を確認します。

3 あいさつ

同じ色のカードをめくった親子同士で「こんにちは」とあいさつをします。

4 フープでゴールへ

同じ色の親子がペアになり、子どもがフープに入ってゴールします。

ことばかけ

「カードと同じ色のお友達と、大きな声であいさつしてみようね」

保育者の援助

フープに入るのが嫌な子は、保護者といっしょに外からフープを持ってもよいでしょう。競争ではないので、子どもに合わせてゆっくり歩くよう保護者に伝えます。

バリエーション

自己紹介をする

プレ保育など初めて会う親子であそぶ際には、あらかじめ4組のグループを決めておき、お互い自己紹介してもいいでしょう。

運動あそび ／ バランス感覚 ／ 協応性

バランス競争

\ あそび方 /

1 足を伸ばして座り、両手を広げた状態で足を浮かせます。

2 誰が一番長く浮かせていられるかを競います。

保育者の援助

この姿勢がとれない子どもは、まず床に手をついたまで足を浮かせるところからスタートしましょう。

ねらい

＊ バランス感覚を高める。友達と達成感を味わう。

できるだけ手は床につかないようにします。

Part 1 クラスづくり 2月

運動あそび ／ 逆さ感覚 ／ 回転感覚

おなかでくるりん

\ あそび方 /

1 子どもと保育者が向かい合って手をつなぎます。

2 子どもは保育者の体を上っていき、おなかのあたりで後ろへ回ります。一回転したら着地します。

保育者の援助

保育者はひざで高さを調整して、着地時に子どもの足が確実に床につくようにしましょう。

ねらい

＊ 視野を楽しむ。体幹を使って安定して回転する。

子どもの手を引っ張りすぎないようにしましょう。

ひざを曲げると、子どもが上り下りしやすくなります。

＼ 紙袋を使って ／
お鍋グツグツ

紙袋をお鍋に見立てて、おいしいお料理を作って楽しめるシアターです。今回は、みんなの大好きなカレーライス。

材料

紙袋、色画用紙

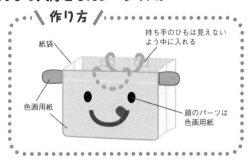

＼ 作り方 ／

紙袋

持ち手のひもは見えないよう中に入れる

色画用紙

顔のパーツは色画用紙

導入

● テーブルにお鍋を置く。
「今日は、お鍋のグツグツくんで、おいしいものを作ります」

1

● エプロンのポケットから材料を取り出して、お鍋に入れる。
「まずは、ニンジンとタマネギを入れます」

＼ ニンジン ／　　＼ タマネギ ／

＼ ジャガイモ ／　＼ お肉 ／　＼ カレーのもと ／

2

「次は、ジャガイモと、お肉、そしてカレーのもと。さあ、何ができるのかな?」

おいしく
なあれ！

型紙
288ページ

CD
ROM
theater → theater196-01

3

- お鍋の上に手を広げて、呪文をかけるしぐさをする。

「おいしくなあれ！　おいしくなあれ！
さあこれで、ぐんとおいしくなりますよ」

4

- ポケットからスプーンを取り出して、お鍋の中をかき混ぜるように動かす。

「グツグツ、グツグツ……。いいにおい！
さあ、できました！」

いただき
まーす

5

- お鍋の中からカレーを取り出し、スプーンを手に持つ。

「おいしいカレーができました。
はい、いただきます！」

行事 の ことばかけ

節 分

豆まきをしよう

　悪いおにが来ないように、今日は豆まきをしましょう。「おには外」と言いながら豆をまくと、おには「こりゃかなわん」と言って逃げていきます。豆まきの後には、豆を食べると体が丈夫になるんだって。みんなは3つ（歳の数だけ）、よくかんでのどに詰まらせないように食べましょう。もう少しで暖かい春がやって来ます、待ち遠しいですね。

絵本

まめまき できるかな

節分の日、豆まきの練習をするまこちゃん。何度か失敗するも、最後は「おにはー そと！」と、豆を投げておにを追い払います。

読み聞かせポイント

豆まきの前にボールなどで練習を。おにが出てくる部分はこわくないように読む工夫を。

ぶん／すとう あさえ
え／田中 六大
ほるぷ出版

いろいろバス

赤いバス、黄色いバス、緑色のバス、それぞれのバスに、驚くようなものが乗り降りしていきます。ユーモアあふれる色あそび絵本。

読み聞かせポイント

「どの色が好き？」「アリがいるよ」と会話を楽しみながら、じっくり読みましょう。

さく／tupera tupera
大日本図書

きをつけて2

飛行場を元気よく飛び立った飛行機。周りに「きをつけて」と言われながらも煙突の煙や木、山にぶつかって汚れてしまい…。

読み聞かせポイント

子どもたちと声を合わせて「きをつけて」を言い、飛行機を見守りながら読みましょう。

さく／五味 太郎
童心社

ちびゴリラのちびちび

たくさんの森の仲間から愛されているちびゴリラのちびちび。ある日、体がどんどん大きくなって…。子どもの成長を喜ぶ物語。

読み聞かせポイント

繰り返される「だいすき」の言葉を大切に読みます。誕生日の歌も楽しい！

さく／ルース・ボーンスタイン
やく／いわた みみ
ほるぷ出版

どろん ばあ

みんなが寝静まった夜中、「どろん ばあ」のかけ声とともに、こわくない、愉快なおばけたちが次々と登場する、数え歌の絵本。

読み聞かせポイント

子どもといっしょに、「どろん」と言いながら「ばあ」のタイミングでページを開いてみて。

文／小野寺 悦子
絵／植垣 歩子
福音館書店

ごろごろ にゃーん

ネコたちがトビウオのような飛行機に乗り込んで、「ごろごろにゃーん」と海や街を飛んでいきます。斬新な絵と言葉が印象的。

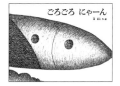

読み聞かせポイント

絵をじっくり見ながら読みましょう。繰り返し言葉は急がずに、淡々と読むのがおすすめ。

作・画／長 新太
福音館書店

うた

♪ 豆まき
えほん唱歌

♪ おにのパンツ
作詞／不詳
作曲／ルイージ・デンツァ

♪ こんこんクシャンのうた
作詞／香山 美子　作曲／湯山 昭

♪ ゆきダルマのチャチャチャ
作詞・作曲／多志賀明

手あそび・うたあそび

♪ おおさむこさむ
わらべうた

♪ いっちょうめのどらねこ
作詞・作曲／阿部直美

♪ おちゃらか
わらべうた

♪ 山ごやいっけん
訳詞／志摩 桂 アメリカ民謡

読み取ろう
子どもの育ち

Uくん

♡ 2月のようす

　普段、製作あそびには積極的ではないが、画用紙に節分のおにを描いたものを用意して、「パンツに模様を描こう」と投げかけた。Uくんは「パンツだって」と笑い、「好きな色をどうぞ」と言われると、黒や緑のクレヨンで手を大きく動かし描いていた。描きながら、「♪おにのパンツはいいパンツ～」とうたっていた。

↓ 読み取り

10の姿
言葉による伝え合い

✧ この場面での子どもの育ち

　「パンツ」と言っただけで笑ってしまう時期のようで、「おにのパンツ?!」と興味をもって活動に参加できた。なぐり描きをしているうちにどんどん楽しくなって思わず「♪おにのパンツはいいパンツ～」とうたいだしたのだろう。とてもよい表情だった。

✳ 今後の手立て

　好きな活動やあそびだけでなく、積極的に参加しないあそびにも誘っていきたい。準備や工夫をして無理なく自分から参加できるようにし、また、本人のイメージを広げることを大事にしたい。

Vちゃん

♡ 2月のようす

　上着を着て園庭に出る準備をしていると、Vちゃんが自分の上着をカゴから持ってきた。「クルリンパ」と言って自分で着やすく持ち直し、上手に袖を通している。前のファスナーはうまくかみ合わせることができず苦戦していた。時間がかかったが諦めず、最後は自分で閉めることができた。

↓ 読み取り

10の姿
自立心

✧ この場面での子どもの育ち

　手や指先の動きが巧みになってきて、自分で上着を着ようと意欲的だ。上着を前から後ろに持ち直し、簡単に袖を通せるようになったことが自信になり、ファスナーをやろうという意欲となった。最後までやろうとする気持ちが育ってきている。

✳ 今後の手立て

　子どもの"ジブンデ"の気持ちを尊重し、さり気なく補助をしたり見守ったりして、自分でできたという経験を重ねていくようにする。できたときには、いっしょに喜びを共感し、次へのやる気につなげたい。

3月

* 生活の見通しをもち、できること
は自分でしようとする。
* 絵本や劇あそびの中で、言葉のや
りとりを楽しむ。
* 異年齢児といっしょにあそぶ。

チェックリスト ✎

☐ 活動の中に上履きを履く機会をつくり、脱ぎ履きの仕方を伝える。

☐ 日差しが暖かい日や、春風を感じられる日は散歩に出かける。

☐ 再現あそびにつながる用具やお面などを準備しておく。

☐ 成長を保護者と喜び、3歳児の生活についてていねいに伝える。

☐ 子どもの状況を職員間で共通理解し、新担任へ引き継ぐ。

あそび

リズムあそび　体を動かす

パチパチまねっこ

ねらい

＊ 保育者の模倣を楽しむ。体を思い切り動かすことを楽しむ。

\ あそび方 /

1 手をたたいて

音楽に合わせて、手をたたきます。

2 ジャンプしたり しゃがんだり

「パチパチ頭」「パチパチジャンプ」「パチパチしゃがむ」などと声をかけながら、手をたたいてから、いろいろな動きをします。

手を
たたいて

パチパチ
頭

パチパチ
ジャンプ

パチパチ
しゃがむ

パチパチ
バンザイ

パチパチ
肩

ことばかけ

「○○ちゃんの好きな音楽かけるから、いっしょにまねっこしてね」

保育者の援助

まずしゃがんだり、ジャンプしたりしてあそびます。その後、体の部位を言っていきます。音楽に合わせて、いろいろな動きを楽しめるようにしましょう。

バリエーション

2人で向かい合って

手拍子の代わりに、2人で向かい合って互いに手を合わせます。保育者はひざをついて、目線を子どもの高さに合わせましょう。

パチ
パチ

ルール　体を動かす

新聞紙バクダン

ねらい

＊ 身近な素材に親しみながら、体全体を使って元気にあそぶ。

準備する物

新聞紙バクダン（細かく切った新聞紙をカラーポリ袋に入れてテープでとめる）

＼ あそび方 ／

① チームに分かれる

2チームに分かれ、それぞれ新聞紙バクダンを持って自分の陣地を決めます。

② バクダンを転がす

スタートの合図で、新聞紙バクダンを転がして相手チームの陣地を目指します。

③ 相手チームの陣地へ

新聞紙バクダンをぶつけ合ったり、押したりしながら、相手チームの陣地に早く自分たちのバクダンを転がして到達できたチームの勝ちです。

ことばかけ

「自分のチームのバクダンをコロコロと転がして、お友達の陣地まで運ぶよ」

保育者の援助 🐱

自分のチームのバクダンがどちらかわからなくなることもあるので、チームでカラーポリ袋の色を変えてもOK。また、破かないよう声をかけましょう。

🐼 あそびのヒント

ドッカーンとバクハツ！

最後に保育者が、それぞれのチームのバクダンを子どもたちの頭上で破き、「バクハツ」させても盛り上がります。

リズムあそび　みんなで

さんぽでサンバ

準備する物

笛やタンブリン、缶の太鼓とばち、足飾り
（鈴にゴムひもを2、3回通して結ぶ）

＼ あそび方 ／

基本のリズム

　下のようなリズムを何度か繰り返し、最後は保育者の
長いホッスルを合図に、今度は早いリズムで演奏します。

♪ **ホイッスル（保育者）**

♪ **缶の太鼓と足踏み（子どもたち）**

① 音を出す

　足飾りをつけて、その場で足踏みの練習をしたら、
缶の太鼓をぶら下げて、たたく練習をします。

② 同時に鳴らす

　足飾りと缶の太鼓
を同時に鳴らす練習
をします。

③ 全員で演奏

　最後はみんなでリズム
に合わせて演奏します。
保育者もタンブリンなど
でリズムをとりましょう。

ことばかけ

**「みんなで演奏会をするよ。まずは足で
音を出してみよう!」**

保育者の援助

　最初はホイッスルを使わず、「いちに、いちに…ピー!」
など、かけ声でリズムをとりながら子どもたちだけで練
習します。音がそろわなくてもOK。

作り方

缶の太鼓

　ミルクの缶（フタは取
る）を逆さにし、側面に
シールを貼る。子どもの
おへそより少し上にくる
よう、スズランテープの
持ち手を貼る。

ガム
テープ
で
貼る

※ばちの作り方は129ページ参照

203

親子あそび **見立て**

オートバイレース

ねらい

＊ 親子で体を使ったふれあいあそびを楽しむ。

準備する物

新聞紙ハンドル

\ **あそび方** /

① スタンバイ

保護者が座り、おなかの上に子どもがのって、新聞紙ハンドルを保護者のひざの裏から通して握ります。

② 出発進行

「ようい、どん!」の合図で、保護者が足を使って前に進みます。

③ みんなで競争

慣れてきたらスタートとゴールを決めて、みんなで競争して楽しみましょう。

ことばかけ

「ハンドルを持って、ブーンと前に進んでみよう。誰が早いかな」

保育者の援助

まっすぐ進むだけでなく、途中で「おっとっと」と体を傾けたり、左右に揺れたりしてバランスを崩しても盛り上がります。保護者へ声をかけておきましょう。

作り方

新聞紙ハンドル

新聞紙を3枚程度重ねて広げ、くるくると丸めてセロハンテープなどでとめます。

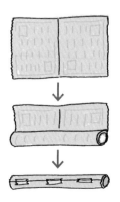

運動あそび ／ バランス感覚 ／ 支持力

クマさん歩きで丸太越え

\ あそび方 /

1 床にソフト平均台を、間隔をあけて並べます。

2 子どもが両手、両足で平均台を越えて進みます。

ねらい

＊ 全身を使ってあそぶ。友達といっしょに達成感を味わう。

準備する物

ソフト平均台

あごを上げます。

ひざは床につけない。

あそびのポイント

慣れてきたら、ソフト平均台を置く間隔を均等ではなく、バラバラにしてみましょう。

運動あそび ／ 懸垂力 ／ 高所感覚

ぶら下がって足打ち

\ あそび方 /

 鉄棒にぶら下がり、足の裏を打ち合わせます。

ねらい

＊ 腕で体を支える経験をする。鉄棒に慣れる。

準備する物

鉄棒

この姿勢のまま落下すると危険なので、保育者はしっかり見守ります。

パンッ

保育者の援助

体が接触しないよう、まわりにほかの子どもが近寄りすぎないように気をつけます。

Part 1 クラスづくり 3月

＼お誕生会に／
すてきなプレゼント

ポップアップの楽しさが感じられる、お誕生日にぴったりのシアターです。

材料

色画用紙

作り方

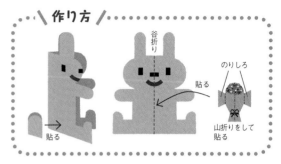

谷折り

のりしろ

貼る

貼る

山折りをして
貼る

導入

ウサコさん

● ウサギのカードがはねながら登場。

「今日はお誕生会。
ウサコさんもかけつけてくれたよ」

1

● ウサギのカードを開く。

「○○ちゃん、おめでとう! わぁ。
花束きれい」

ニャン吉くん

2

● ネコのカードも同様に登場させ、
カードを開く。

「ニャー、ニャー!　まぁ。ニャン
吉くんもきたよ。おめでとう。
はい、プレゼント」

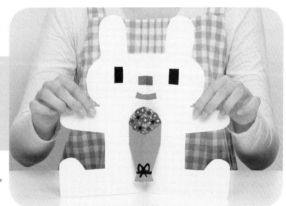

ブーコさん

3

● ブタのカードも同様に登場させ、
カードを開く。

「ブー、ブー。わぁ、ブーコさん。
おめでとう。はい、ケーキ」

みんな
おめでとう

4

● ポップアップカードを並べて、
紙吹雪を散らす。

「さぁ。みんなで誕生会を
始めましょう」

行事の ことばかけ

ひな祭り

女の子が元気で育ちますように

　着物を着たおひな様が、赤い段に座ってみんなを見てますね。子ど
もの日と同じように、みんなが元気に大きくなったお祝いをする日です。
おうちの人も、おじいちゃんおばあちゃんも、園の先生も、これから先も
すくすく元気に育つように願っています。ひなあられを食べて、楽しい
日にしましょう。

絵本

ぼんぼらみん

ひな祭りの日、ぼんぼりを灯すとおひなさまがうたい出し、疫病神なども飛び出して…。最後はみんなで、踊ります。

読み聞かせポイント

リズムがよいので、声に出して読みます。絵本を通してひな祭りのいわれを伝えましょう。

作・絵／藤川 智子
岩崎書店

どうぶつ たいじゅうそくてい

動物園で動物の体重測定が始まりました。パンダ、ゾウ、ヒツジ、クジャクと、いろいろな動物の体重や、測り方を学べる絵本です。

読み聞かせポイント

1年でみんながどれだけ重くなったか、目に見える重さを用意して伝えてみてもよいでしょう。

文／聞かせ屋。けいたろう
絵／高畠 純
アリス館

はなをくんくん

冬眠中のクマやリスなどの動物たちが目を覚ましました。鼻をくんくんしながら駆けつけた先にあったのは…?

読み聞かせポイント

眠っている場面はトーンを少し下げ、後半は少しずつ明るくなるよう、読んでみましょう。

ぶん／ルース・クラウス
え／マーク・シーモント
やく／木島 始
福音館書店

とんだ とんだ

鳥の卵からかえった雛を、大事に育てるヒツジ。やがて巣立ちのときを迎え、さびしくなったヒツジに新たな卵が現れるも…。

読み聞かせポイント

擬音部分は言葉のイメージを意識して読みます。めくるスピードにも気をつけて。

さく・え／とりごえ まり
鈴木出版

ぱーおーぽのうた

ゾウの群れ、キリンやガゼル、カバやサイなどの草食動物が、大行進を始めます。生命の躍動を感じられる、迫力満点の絵本です。

読み聞かせポイント

春の息吹を感じるような力強いエネルギーが溢れる描写は、明るく読むよう心がけます。

作・絵／きくち ちき
佼成出版社

バスまってる

歌をうたいながら、バスが来るのを待っているぼく。来るのは車やブタ、掃除機で、バスはなかなか来ないけど、うたえばご機嫌!

読み聞かせポイント

みんなでいっしょに楽しくうたえる1冊なので、ぜひうたい読みをして楽しみましょう。

作／きたがわ めぐみ
えほんの杜

うた

♪ **うれしい ひなまつり**
作詞／サトウハチロー 作曲／河村光陽

♪ **春がきた**
作詞／髙野辰之 作曲／岡野貞一

♪ **春よ来い**
作詞／相馬御風 作曲／弘田龍太郎

♪ **むすんでひらいて**
作詞／不詳
作曲／ジャン・ジャック・ルソー

手あそび・うたあそび

♪ **アルプス一万尺**
作詞／不詳 アメリカ民謡

♪ **かなづちトントン**
訳詞／幼児さんびか委員会 高木乙女子
作曲／Mary Miller、Paurea Zajan

♪ **パンやさんに おかいもの**
作詞／佐倉智子 作曲／おざわたつゆき

♪ **小さな庭**
作詞・作曲／不詳

Wくん

💙 3月のようす

|| この指とまれ ||

　園庭に出ると「オオカミごっこしようよ」「かくれんぼしたい」と誘ってくる。周りにいる子にも「オオカミごっこする人この指とまれ〜!」と、保育者のまねをしている。最後には「先生オオカミやって」とさっさと決めて、楽しそうに走って逃げていく。誰よりも一番に遠くまで走り、スピードもずいぶん速くなった。

読み取り

10の姿
健康な
心と体

✧ この場面での子どもの育ち

　おにが追いかけるという簡単なルールのあるあそびを楽しめるようになってきた。また周りの友達といっしょに逃げるのも楽しいようだ。役割を自分で決め、あそびをリードして、大きくなったなと成長を感じる。走ることも得意で、速くなってきている。

✳ 今後の手立て

　まだルールの理解などは一人一人違うので仲立ちしながらあそびが継続するようにしたい。体を上手くコントロールして走ったり、身のこなしが巧みになるような運動的なあそびも計画的に進めていく。

Xちゃん

💙 3月のようす

|| できたよ! ||

　園庭から戻ると、自分で「先生もうできたよ」と、パンツとズボン、汚れたシャツを着替えていた。でも手洗いはまだだったよう。「手、洗った?」と聞くと、にやりとして水道の所に行って洗っていた。「うがいもしてなかった」と自分で気づき、コップを取ってきてガラガラうがいをしていた。

読み取り

10の姿
自立心

✧ この場面での子どもの育ち

　戸外から戻ったときの一連の流れがわかり、身の回りのことは自分でできるようになってきている。だが、大人が見ていないと面倒なのだろう、やらないですませてしまうことがある。促すと自分で最後まで行うことができ、ガラガラうがいも上手になってきた。

✳ 今後の手立て

がらがら

　面倒で適当に済ませてしまう姿は成長の1つかもしれないが、なぜ必要なのかを繰り返し話し、いっしょにやりながら正しい行動を知らせていく。生活習慣の自立をていねいに見届け、次年度につなげたい。

＼2歳児クラス／
年度末の保育のヒント

2〜3月の年度末の時期は、進級を念頭においた保育が必要です。子どもが
自信をもって次のクラスに行くための、保育のヒントを見てみましょう。

1 子ども一人一人の成長を振り返り、次の担任へ引き継ぐ

子ども一人一人の保育記録をたどり、この1年間の成長を振り返りましょう。そのうえで、発達の状態や好きなこと、課題となっていることを次の担任に伝えられるよう書類を整えます。誰が読んでもわかる書き方にしましょう。

2 次のクラスへの期待感を高め、スムーズな移行を

「もうすぐみんなは〇〇クラスになるんだよ、楽しみね」と声をかけ、成長や進級に関する絵本を読むなどし、子どもの期待感を高めましょう。また、次に過ごす保育室へあそびに行ったり、玩具を借りたりするのも一案です。

3 担任でなくても安心！さまざまな大人とふれあう機会を

どの保育者が担当しても安定して生活を送れるように、特に進級の時期はさまざまな保育者とふれあってあそびます。その子の好きなことやクセをどの保育者も把握し、それぞれと信頼関係を結ぶことが大切です。

4 自分自身の保育を振り返り、ステップアップする

自分の保育を振り返ることで問題点を改善でき、保育力アップにつなげます。計画に沿って保育は進められたか、環境構成や保護者対応は適切だったか、自分の得意ジャンルを保育に生かせたかを見つめなおしてみましょう。

信頼関係が
大切だピョン

Part **2**

保護者対応

| 保護者と
信頼関係を
深めよう | 連絡帳を
極めよう | 言いかえ
フレーズ |

保護者と信頼関係を深めよう

保護者とのコミュニケーションは、保育に欠かせないもの。保護者とよりよい信頼関係を築くためのヒントを見てみましょう。

保護者との よいコミュニケーションが よりよい保育につながる

保育者の仕事は、子どもを保育するだけではなく、保護者の育児をサポートすることも含まれます。保育者も保護者も、それぞれが子どものよりよい成長を願い、その成長を共に喜び合える関係でありたいものです。

保護者と信頼関係を築くためにも、登・降園時の受け渡し時の会話、連絡帳のやりとりは大切です。よいコミュニケーションは、必ずよい保育につながります。子どものためにも、気持ちのよい保護者対応を心がけましょう。

毎日の登・降園時
手短な会話で関わって

今日もお願いします

おはようございます！

連絡帳で
具体的な成長記録を

今日は積み木であそんだんだね

うん！

園行事で
成長がわかる構成で

そうなんだ

たくさん絵の具で描いたんだよね

面談で
気持ちに寄り添って

最近のけんちゃんは…

家でも…

基本をおさえて

保護者も子どもも、保育者をよく見ています。保育者の基本をおさえておきましょう。

① いつも笑顔で

温かく、親しみのわく笑顔が◎。鏡を見ながら笑顔を練習し、普段から表情を意識して。口角を上げ、ニッコリと！

② ていねいな言葉づかい

保護者が年下の場合も、ていねいな言葉づかいを。敬語や謙譲語を正しく使いましょう。挨拶はいつでも自分から！

③ みんなに公平に

どの保護者にも平等に、同じような対応を心がけましょう。話しやすい人とばかり話すのはNGです。

\ 2歳児の保護者対応 /
大切にしたい5つのこと

2歳児の保護者対応で、気をつけたい5つのことを挙げました。自分の保育に生かせることはないかチェックしてみましょう。

親子を理解する

1 子どもの成長を共に喜んで

保護者の一番の願いは、わが子の健やかな成長です。それは保育者にとっても同じ。保育のプロとしてその子の成長を喜び、よりよい環境を整え、次にどう援助していけばよいのかを、共に考えられる関係を目指しましょう。

やったね!!

2 子ども理解で保護者理解を

保育のなかで「この子はこういうことが好きなんだ」「おうちでは○○なんだ」と、"子ども理解"を深めていることでしょう。子どもは親を映す鏡です。子どもを理解すればするほど、保護者のこと、その家庭のことも理解できるようになります。

Part
2

保護者対応

保護者と信頼関係を深めよう

3 保護者も育児ビギナー

まだまだビギナー!

ペタ

2歳児クラスの保護者は第1子であればまだまだ育児が始まったばかり。「親であれば〜〜であるべき」といった先入観は捨て、保護者をサポートする気持ちで接しましょう。持ち物や園のシステムについても、わかりやすく伝えます。

5 困ったときは一人で抱えない

保護者にもいろいろな人がいます。深刻な相談、感情的なクレームを受けたときは一人で抱えこまずに、必ず主任や園長に相談を。保護者が何に困っているのかを捉え、園として対応するようにしましょう。

4 憶測ではなく事実で話そう

ケガやケンカなど、マイナスイメージの事柄を保護者に伝える際は、あったことの事実を簡潔にまとめて伝えましょう。「〜〜だったかもしれない」「たぶん○○です」と憶測で話すと誤解を招くため、厳禁です。

理路整然

今日10時半ごろにお部屋でお友達とぶつかって頭部にたんこぶができましたのですぐに冷やしました。

園長先生、聞いてください

どうしたの

毎日のことだから！
連絡帳を極めよう

連絡帳は、保護者とのコミュニケーションツール。その日のその子の情報を、臨場感をもって伝えましょう。

連絡帳は子どもの成長を共有・共感するためのツール！

　毎日の連絡帳は、その子の育ちや当日あったことを保護者と保育者が共有するためのものです。保育者として、プロの目線で子どもを肯定的に見つめることで、連絡帳の意義も深まります。

　連絡帳の書き方は家庭によってもさまざまです。園からの毎日の記述はていねいに、子どものようすがリアルに伝わるような書き方を心がけましょう。

保護者から見た連絡帳への思い

＊ 毎日の子どもの変化、成長に気づけて嬉しい

＊ 園でどんなふうに過ごしたか知りたい

＊ 先生の子どもへの思いも伝わってくる

＊ 話しづらいことも文字なら書ける

＊ 他の子と同じような内容はガッカリ

連絡帳のオキテ

連絡帳は文字として記録が残り、何度も繰り返し読まれるものです。オキテを守り、保護者が読んで誤解を招かない表現を心がけましょう。

⊚ ていねいな文字・文体

　書き文字にはよくも悪くも人柄が表れます。文字に自信がなくてもていねいに書き、柔らかい文体を心がけましょう。

字は苦手でも
ていねいに！

⊚ 臨場感のある書き方

　その子の今日あったことを肯定的に捉え、わかりやすく臨場感をもって伝えましょう。セリフを交えるのもおすすめです。

かわい
かったなぁ♥

ちょうちょ、
ひら
ひら

⊚ 直接話すべきことは話す

　ケガやケンカなどあまりうれしくない事柄は読み違えや誤解がないよう、連絡帳に書かず、直接口頭で伝えるようにしましょう。

実は…

そんな
ことが…

毎朝、登園を嫌がって泣きます

昨日、保育園の帰りに、「先生の人形劇が楽しかったよ」と教えてくれました（昨日「人形劇の日」でしたっけ？）。仕事から帰ったパパにも同じことを何度も話し、あきれられていました。「明日も園が楽しみだね」と言うと、「うん」と言うのですが、朝になると大泣きして登園を嫌がります。なぜでしょうか…。

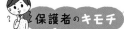

保護者の キモチ

園でのできごとを楽しそうに報告してくれるのに、朝になると登園を嫌がる理由を知りたいと思っています。

保護者の キモチ

機嫌よく登園してほしいと願う気持ちも。慌ただしい朝に泣かれてしまい、困っていることがわかります。

元気に通えるよう、朝の受け入れ方を考えてみます

保育者からの
返事

書き出しのコツ

人形劇がどういった内容だったのかをわかりやすく説明し、Aくんも楽し気だったことも加えます。日中の園生活は楽しめていることを伝えましょう。

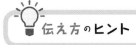

伝え方のヒント

考えられる原因と、それに対して園側はどのようなサポートができるかを、職員間で話し合っていく姿勢を表し、安心感につなげます。

そうだったのですね。昨日は人形を使った手あそびをしました。ほんの数分でしたが子どもたちは食い入るように見てくれて、Aくんも「もう1回！」とおねだりをするほどでした。登園時、Aくんの表情がくもっていること、気になっていました。日中どんなに楽しくても、朝は「大好きなママとのお別れ」がさみしいのでしょうね。安心してお仕事に向かえるように、受け入れ方を考えてみます。

発達

保護者より

家ではトイレや着替えを自分でやりません

保育者からの返事

気分で左右されることも多い時期。たまには甘えさせてもOK

おむつが取れたり着替えをするようになったりと先生方には本当に感謝しています。ですが、Aは家では全く自分でやろうとしません。トイレに行くのも嫌がり「おむつでいい」と言い出します。どうしたら自分でやるようになるのでしょうか。

この時期は、できるようになったからと言っても、必ずやるとは限らないようです。園でやっているように、できたときは成長を認めながら、具体的にほめるのがおすすめです。自己肯定感と自信が育つように、時には「今日はママがやってあげちゃう」と、甘えさせてもよいと思いますよ。

 保護者のキモチ

できるはずなのになぜやらないのか、不思議に思いながら、子どもの気持ちが理解しきれず悩んでいます。

✏️ **書き出しのコツ**

この時期にありがちな姿であり、今の姿を理解してもらいます。自己肯定感や自信を育てることも大切なので、甘えを認めてもよいと伝えましょう。

発達

保護者より

行動がほかの子より遅いのでは？

 **保育者からの返事**

私たちの話を理解して、自信をもって行動しています

昨日は、参観日ありがとうございました。パパといっしょに園でのようすを見られてよかったです。でも、ほかのお友達より行動が遅いのではと気になりました。お散歩に行く準備も、給食が食べ終わるのも最後でした。大丈夫でしょうか。

昨日はありがとうございました。Aくんはいつも自信をもって動いています。話を聞き、お友達のようすを見てから、すべきことを理解して動いているのです。Aくんが安心できるペースなのだろうと、見守っています。ご心配かと思いますので、お時間があるときにでも直接お話しさせてください。

保護者のキモチ

ほかの子どもと比べてしまい、行動が遅いことが気になってしまったよう。発達の心配も感じています。

💡 **伝え方のヒント**

具体的に日常の子どものようすを伝え、「遅い」「早い」ではなく、「自信をもつこと」「理解して動くこと」が大切と書きます。文章だけで伝わりにくい場合は、直接話します。

主張したいとき、泣き叫ぶので困っています

昨日保育園から帰り、夕飯の前にお菓子が食べたいと言い出しました。ごはん前だからダメと言うと、大きな声で泣き叫び暴れました。しばらく放っておいたのですが、泣き疲れて寝てしまいました。こんなことが最近多くて、困っています。夕飯前に寝て10時に起き、夜は12時まで起きていました。私は寝不足です。

保護者の キモチ

ごはん前にお菓子を禁止したことが、子どもが泣いて暴れた原因と思っているよう。ほかの原因は思い当たらないのかも。

保護者の キモチ

ほとほと疲れていることが見てとれます。初めてのことではなく、最近多いとのことで、疲れもピークなのかもしれません。

まだまだ器用じゃない2歳児、甘え方がわからないのかも

保育者からの返事

書き出しのコツ

保護者の体調を気遣う一言から始め、寄り添う気持ちを伝えます。孤独を感じがちな子育て中の保護者が、一人ではないことをまずは知らせましょう。

伝え方のヒント

子育てはこうでなければ、と気を張っている保護者に、息抜きの気持ちを込めて、提案を。「それでいいんだ」と気づけるような、温かい一言を添えましょう。

　大変でしたね。体調崩していませんか？　Bくんは、Bくんなりに保育園で頑張っているのでしょうね。おうちで甘えてみたかったのかな。でも、まだまだ器用じゃない2歳児さん。甘え方がわからなかったのかもしれませんね。少しの間ギューッと抱っこするのもおすすめです。ママが疲れて向き合えないときは、少し放っておくことや手を抜くことも子育ての大事な手段。Bくんといっしょに笑うためには、心の健康が一番ですからね。

217

友達関係

保護者より：Dちゃんにいじわるをされたと言っていますが…

保育者からの返事：「いじわる」という言葉を聞くと、心配になりますよね

昨日、帰るときに「Dちゃんにいじわるをされた」と言っていました。詳しく話を聞こうとしても「わかんない、わかんない」と言うだけなのですが、「いじわるされた」とはっきり言います。ケンカでもしてしまったのでしょうか…。

昨日、〇〇ちゃんがいすに座って絵合わせカードであそんでいたのですが、ちょっと席を立ったときにDちゃんがいすに座ってしまったようです。単純にあそびたかっただけなのですが、〇〇ちゃんにとって気持ちを表す言葉が「いじわる」だったのだと思います。今後も気をつけて見守りますね。

保護者のキモチ

ケンカやいじめに神経質になってしまう親心が。友達と仲よくあそんでほしいと願っています。

✎ 書き出しのコツ

状況をていねいに説明することを心がけます。語彙が未熟で適切な言葉が出ないこと、トラブルも人と関わるよい経験になることを伝えても。

悩み

保護者より：一度はおむつが取れたのに、また戻っています

保育者からの返事：はじめからではないと思います。またいっしょにがんばりましょう

おむつが取れて、喜んでいたのですが、夏休み中、お出かけが多く、「今日だけ」とおむつをつけさせました。それが数日続いてしまい、今は本人も抵抗なくおむつをつけています…。またはじめからです。ご迷惑をおかけします。

そうでしたか、お知らせくださってありがとうございました。お休みのときは環境が大きく変わりますから、ご心配もわかります。お疲れさまでした。トイレでおしっこを出す感覚も覚えていると思いますし、決してはじめからではないはずです。根気強くいっしょにがんばりましょう（お洗濯の方もよろしくお願いします）。

保護者のキモチ

大人の都合で、おむつに戻してしまったことに、申し訳ない気持ちを感じています。

💡 伝え方のヒント

保護者の心情に理解と共感を示し、今後の見通しを明るく伝えます。いっしょにやっていくイメージを伝えましょう。

「バカ」など、いけない言葉を覚えてきます

　　毎日長い時間、園でお世話になり、ありがたいと思っています。集団生活で、いろいろな人と関わることはもちろん承知なのですが、「バカ」とか「あっち行け」などの言葉を覚えてきてびっくりしました。昨日は「〇〇するんじゃねぇ」と言われ、ショックでした。そんな言葉を使っちゃいけないとは伝えますが、正直どう対応していいのか困ってしまいました。

保護者の**キモチ**

　集団生活の中でいろいろな人との関わるため、影響を受けてしまうのは理解していますが、直面し、ショックを受けています。

保護者の**キモチ**

　対応の仕方がわからず困惑しています。園ではどのようにしているか、アドバイスも求めています。

叱ったり止めたりするのではなく、別の言葉を教えてあげてください

保育者からの返事

書き出しのコツ

　保護者の不安に寄り添いながら、2歳児の特徴を伝え、深い意味がなく使っている可能性が高いことを理解してもらいます。

伝え方のヒント

　対応の仕方を具体的にアドバイスし、連絡帳だけでなく、降園時などに直接、保護者と対話できる機会を積極的にもつことも大切です。

　　そのような言葉がEくんの口から出てくると驚きますよね。2歳児クラスでは、深い意味をもたないで言葉だけが先行してしまい、流行り言葉のように繰り返されることがよくあります。もし、そのような言葉を使っていたら叱るのではなく、そのときのEくんの気持ちを表現する、別のふさわしい言葉を教えてあげてください。園でも、「バカ」などという言葉は、人が悲しくなる言葉であることを伝えていきます。

悩み

保護者より

弟が産まれて、
赤ちゃん返りをしています

保育者からの返事

園でも保育者を
独り占めしたがりますが、
赤ちゃん返りは一過性のものです

私が妊娠しているときや出産後すぐは
あまり感じなかったのですが、どうやら赤
ちゃん返りをしているようです。おもらし
をしたり、哺乳瓶で牛乳を飲みたがった
り…。しばらくようすを見ようと思いますが、
何かあったら教えてください。

園でもママの出産後1か月ぐらいから抱っこを多く求
めるようになりました。大好きなママをとられたように
思って、Aくんの精いっぱいのアピールですね。ほんの
少しの時間でも、Aくんだけに向き合って「大好き」など、
本人がわかる言葉で気持ちを伝えてみてください。赤
ちゃん返りは一過性のものですが、またお話しましょう。

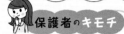

保護者のキモチ

赤ちゃん返りの姿から、お兄ちゃんの気
持ちもわかり、どうしたらよいのか思い悩
んでいます。

書き出しのコツ

園での姿を正直に伝えます。母親に多くを求めることなく、
まず苦悩に寄り添いましょう。直接話を聞くことで、母親の心
が和らぐことも。その時間を取りましょう。

友達関係

保護者より

かんでしまった相手に
謝りたいのですが…

保育者からの返事

故意ではないので、
園で対応させていただいても
よろしいでしょうか

昨日、降園するときに、「お友達をかん
でしまいました」と報告をいただきました。
そのときの状況も教えていただいたので
すが、ショックでした。やはりそのお子さ
んに謝りたいと思うのですが、どのように
したらよいでしょうか。

ご心配をおかけして申し訳ありませんでした。昨日も
お話ししたように故意ではないため、相手の保護者の
方にはTくんの名前は伝えていません。このようなケー
スについては、園で責任をもって対応するようにしてい
きますが、もちろんお母様のお気持ちもお相手に伝えて
おきます。ご配慮いただきありがとうございます。

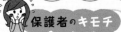

保護者のキモチ

子どもがお友達をかんでしまって驚き、
痛い思いをさせてしまったことに、申し訳
ない気持ちを感じています。

伝え方のヒント

このような場合、園の方針に従って書くようにします。成長
過程においての「かみつき期」について、保護者会などで直接
話をしておく機会があると安心です。

嬉しい報告

園であったことを、楽しく話してくれます

夕飯を食べるとき、いつもKのおしゃべりが止まりません。昨日も「○○先生の頭にカマキリがとまってね…」「ひなんくんれんです。かじです、かじです」という感じで、ずっとおしゃべりしていました。時々、「楽しかった？」と聞くと「うん！」と元気に答えるので、安心しています。保育園で毎日楽しく過ごしてくれることが何よりです。今日もよろしくお願いします。

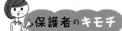
保護者のキモチ

子どもが園であったできごとを、楽しそうに教えてくれるうれしさを、共有したいと思っています。

保護者のキモチ

普段忙しく、子どもとの時間がなかなか取れない中で、親と離れている場でも楽しく過ごすようすを感じられて安心感も。

そうですね！ Kくんの姿に私たちも元気をもらっています

保育者からの返事

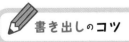
書き出しのコツ

普段の姿から、保育者が感じるその子どものよいところ、すてきなところをポジティブに伝えて、保護者といっしょに喜びを共有します。

伝え方のヒント

園でのできごとを取り上げて具体的に書き、感心したなどの感想を添えても。成長を共に喜べるよう心がけます。

Kくんは、保育者や友達のようすをしっかり見ていると思います。何でもポジティブにとらえ、楽しむ力があるので、私たちもKくんから元気をもらうことがよくあります。今日も、積み木を一生懸命積み上げていましたが、お友達がぶつかって崩れてしまいました。どうするのかようすを見ていると、その崩れた積み木の形から、別のあそびへと展開させていき、お友達もいっしょに楽しんでいました。さすがKくんですね！

嬉しい報告

保護者より
〇〇先生のことが大好きなようです

保育者からの返事
うれしいです。私たちもFくんの笑顔が大好きです!

毎朝必ず「〇〇先生いるかな?」と、お部屋をのぞいて先生の顔が見えると飛び込んでいきます。帰宅後も「今日は先生お花のエプロンだった」と先生の話ばかり。時々「ママと先生どっちが好き?」と聞いてFを困らせています(笑)。

ありがとうございます、とてもうれしいです。朝の受け入れのときのFくんの笑顔は、私たちにとっても大切な宝物です。ちなみにFくんはいつも、「パパとママが一番大好き!」と、よく私たちに教えてくれますよ。今よりもっともっと保育園を好きになってもらうよう、がんばりますね!

保護者のキモチ

大好きな先生がいることで、毎日楽しく登園できていることに安心しています。

書き出しのコツ

子どもに好かれていること、園生活を楽しめているようすに素直に喜びを伝えるのが一番です。

放任

保護者より
トイレトレーニングは、園でやってもらえるんですよね

保育者からの返事
ご家庭といっしょに、タイミングを相談したいと思います

もう3歳を過ぎたので、そろそろおむつを卒業したいと思っています。トイレトレーニングは、園でやってもらえるんですよね?

お友達がトイレに座るのも興味深く見ていますし、そろそろ誘ってみようかなと考えていました。トイレトレーニングは、タイミングが大事です。そのために、Aくんからのサインを見逃さずにいたいと思っています。ご家庭といっしょに取り組んでいきたいと思いますので、一度ポイントなどお話しさせてください。

保護者のキモチ

面倒なことは、園任せにしたいと思っているよう。預けていれば勝手にできるようになる、何とかなるという思いも。

伝え方のヒント

さりげなく「いっしょに」という気持ちを伝えましょう。トイレトレーニングは個々のタイミングで始めるので、タイミングの見極めを、直接話す機会を設けます。

イヤイヤ期で、ついイライラしてしまいます…

ママ友から聞いていた「イヤイヤ期」。ついにわが家にもやってきました。「ごはんを食べよう」「イヤ！」、「お散歩行こう」「イヤ！」。何を言ってもイヤイヤです。靴を履くこともまだできないのに自分でしようとして、あげくに「ヤダー！」と泣き出し、靴を投げる始末。ついイライラして「いいかげんにして」と怒鳴ってしまいます。これがずーっと続くのではないかと不安になります。

保護者のキモチ

子どものイヤイヤに正面から向き合い、どうしていいのかわからないと感じています。対応へのアドバイスを求めている気持ちも。

保護者のキモチ

いつイヤイヤ期が落ちつくのかがわからず不安を抱えています。イライラしてしまう自分にも嫌気がさしているよう。

園でも「イヤ」と言います。一度ゆっくりお話しさせてください

保育者からの返事

書き出しのコツ

園でのようすも添えて、イヤイヤ期は単なるわがままではないこと、自我が芽生え、成長している証であることを伝えます。

伝え方のヒント

時間を取って、保護者の話を聞く、いつでも相談にのる姿勢を示し、園での対応の仕方など、アドバイスをしても。直接話すことで、保護者の気持ちが和らぐこともあります。

確かに最近、声をかけるたびに「イヤ」という返事ですが、「自分で」という姿も見せてくれていて、できるできないに関わらず「自分で」を主張します。その気持ちが少しでも満足できるように援助をしていきますが、ちょっとしたコツが…。お帰りのときにでもゆっくりお話しさせてください。イヤイヤは、子どもの成長の証です。いっしょに取り組んでいきましょう。イライラしたらいつでも言ってください、お話うかがいますよ。

（遅刻気味の親へ）来週は○○なので、9時には来てください

来週は、体操週間があります。Aくんのリクエストで「○○体操」も行う予定です。Aくんが大好きな体操なので、とても心待ちにしているようです。9時15分から行いますが、着替えなどもありますので登園は9時までにお願いします。みんなで楽しい時間を過ごせればと思っています。よろしくお願いします。

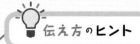

伝え方のヒント

子どもが行事を楽しみにしている気持ちを伝えることで、協力的な姿勢を促します。

伝え方のヒント

具体的な理由をお知らせし、早めの登園を理解してもらいます。全員揃ってから行う行事などはほかの子にも影響がある場合も。前日、口頭でも伝える心がけを。

その後のフォロー

「体操、初めから参加できてAくん大喜びでしたよ」と、時間を守ったからこそ子どもにもよいことがあったことを伝えましょう。

園からの連絡

お願い

靴が小さくなってしまったようです

今日はお散歩に出かけました。いつもの公園からちょっと足を延ばし、○○公園まで行きました。道中、草花を見つけては立ち止まり、しばらくあれやこれや会話を楽しんでまた歩き出す、というのを繰り返していました。途中、足が痛いと何度か訴えてきたのでようすを見ると、足の指先を丸めて履いていました。どうやら靴が小さくなったようです。成長を感じますね。ご準備をお願いします。

書き出しのコツ

日中の子どものようすや姿を書き、その中で靴が小さくなったとわかった事実に自然とつなげます。

伝え方のヒント

単刀直入に靴が小さくなったと伝えるより、子どものようす（足の状態）を具体的に書くことで、理解につなげます。

その後のフォロー

「新しいお靴、かっこいいね」と子どもを間に会話をし、子どものためになっていることを理解してもらうのも◎。

持ち帰り

園からの連絡

公園で見つけたドングリを、持ち帰ります

今日は足を延ばして○○公園にお散歩に行きました。着くと夢中でドングリを探しはじめ、ほかの子どもたちはAくんと一緒にいればドングリを見つけられるといって、みんなを連れ立って歩き回っていました。両方のポケットでは足りず、先生のポケットにもいっぱい詰め込み、帰りもドングリパワーで元気に歩いて帰りました。「ママにもあげたい」と言うので、袋に入れて持ち帰ることにしました。ドングリ虫の話もしています。いっしょに楽しんでくださいね。

その後のフォロー

子どもの話したセリフを交えると、臨場感が生まれます。子どもが保護者に見てもらいたいと思っていることも伝えましょう。

ほかの子どもに頼りにされていることを記し、みんなのリーダーとしてドングリを集めたことを伝えましょう。

公園でのようすが手に取るようにわかるエピソードを記します。ほかの子どもたちとの関わり方がわかると、保護者はとても安心します。

園でのケガ

園からの連絡

あそびの際に頭をぶつけてしまい、冷やしました

今日は雨が降っていたので、遊戯室でリズムあそびをしました。ピアノの速いテンポに合わせてみんなが走り出すと、お友達とおでこをぶつけてしまいました。申し訳ありません。少しこぶができたため、冷やしてようすを見ていましたが、お部屋に戻るころには気にするようすもなく、お友達に「走るとおでこぶつけるよ」と教えてあげていました。お家でもようすを見ていただき、何か変わったことがあればまたお知らせください。

その後のフォロー

担任だけではなく、別の保育者からも保護者に声をかけ、園全体で見守っている雰囲気を出すと安心感につながります。

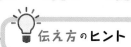

ケガをしてしまった経緯を詳しく書きます。連絡帳だけでなく降園時に口頭でも必ず報告し、ケガの箇所を保護者といっしょに確認することも大事です。

帰宅後、痛がるようすはないかなどを見てもらうようお願いを。次の日に口頭で、ようすをうかがう配慮も大切です。

マイナス表現 ➡ プラス表現に！

ポジティブ 言いかえフレーズ

特に子どもに関する表現に、マイナス印象の言葉はNG。ポジティブに捉えられる言葉で言いかえ、うまく伝えましょう。

✖（マイナス表現）	〇（プラス表現）	ポイント
〇〇ができない	➡ 〇〇が苦手	「できる・できない」という視点で子どもを見守るのはよくありません。できないことも「〜が苦手なよう」と捉えると前向きに。
一人で過ごすことが多い	➡ 一人の時間を過ごすのが上手 自分の世界をつくるのが上手	特に乳児期は一人であそび込む力が養われる時期。保護者は友達との関係を気にしがちですが、その集中力に注目しましょう。
ケンカが多い	➡ 自己主張ができる	暴力はいけませんが、ケンカが多いということは自分の意見があり、それを相手に訴える力がある、とも言えます。
落ちつきがない	➡ 行動的・好奇心旺盛	ほかのことに気が散ってしまうのは、好奇心が旺盛な証拠。いろいろな物に興味をもつ一面をよい方向に育てたいですね。
飽きっぽい	➡ 切り替えが早い 好奇心旺盛	飽きっぽい子は、逆に言えばいろいろなことに興味をもちやすいということ。さまざまな経験を積み重ねる力が養われます。
いい加減・雑	➡ おおらか	行動が雑な子は、杓子定規ではない、自然体で小さなことに捉われないよさがあります。その面も見つめてみましょう。
泣き虫	➡ 素直に感情を表せる	集団生活のなかで、自分の感情を表せることは、園が緊張のいらない、素直に感情を表せる場になっていると言えます。
行動が遅い	➡ マイペース	人に左右されず、自分の気持ちをもっている強い子ということ。その子なりの歩み方を認め、見守っていきましょう。
乱暴	➡ 元気があり、力が余っている エネルギッシュ	物を壊したり、相手にケガをさせたりがないように見守りながら、その元気をよい方向に伸ばせるよう援助を考えましょう。
わがまま	➡ はっきりしている 自己主張ができる	先々のことを見通して考える力があり、自分の思いをはっきりと主張することもできます。この能力を違う形で発揮できるような配慮を。
こだわりが強い	➡ 意志が強い	こだわりの強さは、意志の強さでもあり頼もしい一面でもあります。自我の芽生えにおおらかに向き合いましょう。

しっかり
押さえよう！

Part **3**

指導計画

年間指導
計画

月案

事故防止
チェック
リスト

2歳児の 年間指導計画

おさえたい 3 つのポイント

まねっこをしながら自分の世界を広げていく時期です。よい手本を見せながら、自分でしようとする気持ちを大切に関わりましょう。

1 やりたいことが存分にできる生活を

禁止したり待たせたりしなくてよいように、遊具やスペースを十分に確保し、子どもが能動的に活動できるようにすることが大切です。いけないことの場合は理由を示し、違う方法でできるように道を示してください。生活の流れを身に付けることも丁寧に援助します。

2 一人一人のペースを尊重しながら

様々なことが自分でできるようになるので他の子と同じ流れにのってくれればと願いますが、そう都合よくはいきません。のんびり靴をはきたい子、ゆっくり食べたい子、一人一人のペースがあるからです。イライラしたり急かしたりせず、じっくり付き合いましょう。

3 トラブルは、学びのチャンス

友達の存在に気付き、人が使っている物をほしがったり押したりと、トラブルになることも。「だめ」と言うだけでなく「順番ね」「貸してって言おうね」と、人との良好な関わり方を知らせます。また、「○ちゃんと△ちゃんは仲良しね」と友達の名前を覚えられるようにします。

		1期（4〜6月）	2期（7〜9月）
子どもの姿		●新しい環境に戸惑い、登園時に泣いてしまう子もいる。 ●遊びが見付かると、落ち着いて自分の好きな遊びを楽しむ。	●身支度や生活の仕方を知り、保育者と一緒にてみようとする。 ●友達の遊びに興味を示し、場を共有して楽しが見られる。
ねらい		●保育者に見守られ、安心して過ごす中で新しい環境や生活に慣れる。 ●自分の好きな遊びを楽しんだり、友達の遊びに興味をもったりする。	●保育者に手伝ってもらいながら、身の回りのしようとする。 ●気の合う友達と遊びを楽しむ。
内容	養護	●規則的な生活リズムの中で、気持ちよく過ごす。 ●様々な気持ちを受け止められ、安心して過ごす。 ●楽しい雰囲気の中で、食事をする。	●梅雨や夏の時期に応じた生活を送り、気持ち過ごす。 ●思いや気持ちを受け止められ、安心して自現する。 ●食材に興味をもち、食べることを楽しむ。
	教育	●戸外で全身を使って遊ぶ。 健康 ●簡単な身支度や生活の仕方を知る。 健康 ●保育者を仲立ちとして、友達と関わって遊ぶ。 人間 ●友達のしている遊びに興味をもち、同じことをしようとする。 人間 ●春の身近な自然に触れ、関心をもつ。 環境 ●生活に必要な言葉が分かり、簡単なあいさつや返事をする。 言葉 ●手指を使った製作を楽しむ。 表現 ●手遊びや歌を保育者や友達と楽しむ。 表現	●水遊びや戸外遊びで、全身を使って遊ぶ。 健康 環境 ●簡単な身の回りのことをしようとする。 健康 ●保育者や友達に親しみをもって、自分から関うとする。 人間 ●水、砂、泥などで遊ぶ。 環境 ●遊びの中で、保育者や友達との言葉のやり取楽しむ。 人間 言葉 ●身近な素材に親しみ、かいたり、つくったりとを楽しむ。 表現 ●リズムに合わせて体を動かすことを楽しむ。
環境構成		●子どもの動線や目線に合わせた環境を整え、日々同じ生活リズムの中でゆったり過ごせるようにする。 ●子どもの興味を把握し、必要な玩具や歌、手遊びを取り入れる。	●エアコンや扇風機を利用して快適な環境を一人一人の健康状態を把握し、こまめに水ができるようにする。 ●テラスに日よけを張り、紫外線を避け、気持遊べるようにする。
保育者の援助		●情緒の安定を図りながら、生活や遊びの中で、子どもの自発的な活動を促し、子どもが自ら環境に働きかけることができるようにする。	●学年間の連携を図り、安全面に留意して、全使った遊びや、夏ならではの遊びが十分にできようにする。

保育者の援助

「ねらい」を達成するために「内容」を経験させる際、どのような援助を行ったらよいのかを考えて記載します。

年間目標

園の方針を基に、一年間を通して、子どもの成長と発達を見通した全体的な目標を記載します。

子どもの姿

1〜4期に分けて、予想される子どもの発達の状況や、園で表れると思う姿を書きます。保育者が設定した環境の中での活動も予測します。

♣ **年間目標** . . . .

- 季節に応じた環境の中で、生命を保持し、情緒が安定する。
- 自己主張しながら、友達と遊ぶことを楽しむ。
- 保育者との安定した関わりの中で、生活に必要な身の回りのことを自分でしようとする。

3期（10〜12月）	4期（1〜3月）
● 必要な物が分かり、自分で準備したり保育者に手伝ってもらったりしながら、衣服の着脱を行う。 ● 友達とごっこ遊びをする。	● 次にすることが分かり、保育者の声かけで行動に移そうとする。 ● 保育者や友達と、全身や遊具を使った遊びをくり返し楽しむ。
● 保育者の声かけで、身の回りのことを自分でしようとする。 ● 活動的な遊びを楽しむ。	● 自分から友達と関わりをもち、楽しく遊ぶ。
● 気温の変化に応じた生活を送り、健康で快適に過ごす。 ● 思いや気持ちを受け止められ、安心して自己主張する。 ● 食具の持ち方を意識しながら、楽しく食べる。	● 季節の変化に応じた生活を送り、健康で快適に過ごす。 ● 気持ちに共感され、進級に向けて意欲をもつ。 ● 食具のマナーを知り、保育者や友達と楽しみながら食べる。
● 全身や遊具を使って十分に遊ぶ。 健康 環境 ● 毎日の生活の仕方が分かり、できることは自分でしようとする。 健康 ● 気の合う友達との遊びの中で、積極的に関わりながら、自分の思いを相手に伝える。 人間 表現 ● 秋の自然物に親しむ。 環境 ● 保育者や友達といろいろなやり取りを楽しむ中で、言葉を覚える。 人間 言葉 ● リズム遊びや体操を楽しむ。 表現 ● 身近な素材や用具に親しみ、かいたり切ったりつくったりを楽しむ。 環境 表現	● 全身を使う遊びや、集団での簡単な遊びを楽しむ。 健康 人間 ● 生活の見通しをもち、できることは自分でしようとする。 健康 ● 友達に積極的に関わりながら、相手にも思いがあることに気付く。 人間 ● 冬の自然に親しむ。 環境 ● 絵本や劇遊びの中で、言葉のやり取りを楽しむ。 言葉 ● 経験したことや興味のあることを遊びの中に取り入れて楽しむ。 表現 ● 身近な素材や用具を使い、かいたり切ったりつくったりして楽しむ。 環境 表現
● 素材や用具、自然物、絵本などを用意し、様々な経験ができるようにする。 ● 新しいことに取り組む際には、やり方を図や絵で分かりやすく示す。	● 遊びに必要な物やスペースを用意し、友達と関われる場面や機会を多くつくる。 ● 3歳児保育室で遊んだり、生活したりする機会を設け、進級への期待や安心感がもてるようにする。
● 運動会に参加したり、表現発表会を見たりする機会を通して、踊ったり、楽器を鳴らしたりする楽しさが味わえるようにする。	● イメージを共有して楽しめるよう、分かりやすい言葉で投げかけ、ゆっくり遊びを展開する。また、友達の気持ちや関わり方を丁寧に伝える。

ねらい

「年間目標」を期ごとに具体化したものです。育みたい資質・能力を乳児の生活する姿からとらえます。園生活を通じ、様々な体験を積み重ねるなかで相互に関連をもちながら、次第に達成に向かいます。

内容

「ねらい」を達成するために「経験させたいこと」です。保育所保育指針の「1歳以上3歳未満児」の5領域を意識して記述します。
本書では 健康 人間 環境 言葉 表現 で表示します。

環境構成

「ねらい」を達成するために「内容」を経験させる際、どのような環境を構成したらよいのかを考えて記載します。

年間指導計画の見方

年間指導計画

keikaku → P230-231

		1期（4〜6月）	2期（7〜9月）
子どもの姿		●新しい環境に戸惑い、登園時に泣いてしまう子もいる。 ●遊びが見付かると、落ち着いて自分の好きな遊びを楽しむ。	●身支度や生活の仕方を知り、保育者と一緒にやってみようとする。 ●友達の遊びに興味を示し、場を共有して楽しむ姿が見られる。
◆ねらい		●保育者に見守られ、安心して過ごす中で新しい環境や生活に慣れる。 ●自分の好きな遊びを楽しんだり、友達の遊びに興味をもったりする。	●保育者に手伝ってもらいながら、身の回りのことをしようとする。 ●気の合う友達と遊びを楽しむ。
内容	養護	●規則的な生活リズムの中で、気持ちよく過ごす。 ●様々な気持ちを受け止められ、安心して過ごす。 ●楽しい雰囲気の中で、食事をする。	●梅雨や夏の時期に応じた生活を送り、気持ちよく過ごす。 ●思いや気持ちを受け止められ、安心して自我を表現する。 ●食材に興味をもち、食べることを楽しむ。
	教育	●戸外で全身を使って遊ぶ。 健康 ●簡単な身支度や生活の仕方を知る。 健康 ●保育者を仲立ちとして、友達と関わって遊ぶ。 人間 ●友達のしている遊びに興味をもち、同じことをしようとする。 人間 ●春の身近な自然に触れ、関心をもつ。 環境 ●生活に必要な言葉が分かり、簡単なあいさつや返事をする。 言葉 ●手指を使った製作を楽しむ。 表現 ●手遊びや歌を保育者や友達と楽しむ。 表現	●水遊びや戸外遊びで、全身を使って遊ぶ。 健康 環境 ●簡単な身の回りのことをしようとする。 健康 ●保育者や友達に親しみをもって、自分から関わろうとする。 人間 ●水、砂、泥などで遊ぶ。 環境 ●遊びの中で、保育者や友達との言葉のやり取りを楽しむ。 人間 言葉 ●身近な素材に親しみ、かいたり、つくったりすることを楽しむ。 表現 ●リズムに合わせて体を動かすことを楽しむ。 表現
環境構成		●子どもの動線や目線に合わせた環境を整え、日々同じ生活リズムの中でゆったり過ごせるようにする。 ●子どもの興味を把握し、必要な玩具や歌、手遊びを取り入れる。	●エアコンや扇風機を利用して快適な環境を整え、一人一人の健康状態を把握し、こまめに水分補給ができるようにする。 ●テラスに日よけを張り、紫外線を避け、気持ちよく遊べるようにする。
保育者の援助		●情緒の安定を図りながら、生活や遊びの中で、子どもの自発的な活動を促し、子どもが自ら環境に働きかけることができるようにする。	●学年間の連携を図り、安全面に留意して、全身を使った遊びや、夏ならではの遊びが十分に行えるようにする。

「5領域」の 健康：健康 人間：人間関係 環境：環境 言葉：言葉 表現：表現 を表しています。

♣ 年間目標

●季節に応じた環境の中で、生命を保持し、情緒が安定する。
●自己主張しながら、友達と遊ぶことを楽しむ。
●保育者との安定した関わりの中で、生活に必要な身の回りのことを自分でしようとする。

3期（10〜12月）	4期（1〜3月）
●必要な物が分かり、自分で準備したり保育者に手伝ってもらったりしながら、衣服の着脱を行う。 ●友達とごっこ遊びをする。	●次にすることが分かり、保育者の声かけで行動に移そうとする。 ●保育者や友達と、全身や遊具を使った遊びをくり返し楽しむ。
●保育者の声かけで、身の回りのことを自分でしようとする。 ●活動的な遊びを楽しむ。	●自分から友達と関わりをもち、楽しく遊ぶ。
●気温の変化に応じた生活を送り、健康で快適に過ごす。 ●思いや気持ちを受け止められ、安心して自己主張する。 ●食具の持ち方を意識しながら、楽しく食べる。	●季節の変化に応じた生活を送り、健康で快適に過ごす。 ●気持ちに共感され、進級に向けて意欲をもつ。 ●食具のマナーを知り、保育者や友達と楽しみながら食べる。
●全身や遊具を使って十分に遊ぶ。 健康 環境 ●毎日の生活の仕方が分かり、できることは自分でしようとする。 健康 ●気の合う友達との遊びの中で、積極的に関わりながら、自分の思いを相手に伝える。 人間 表現 ●秋の自然物に親しむ。 環境 ●保育者や友達といろいろなやり取りを楽しむ中で、言葉を覚える。 人間 言葉 ●リズム遊びや体操を楽しむ。 表現 ●身近な素材や用具に親しみ、かいたり切ったりつくったりを楽しむ。 環境 表現	●全身を使う遊びや、集団での簡単な遊びを楽しむ。 健康 人間 ●生活の見通しをもち、できることは自分でしようとする。 健康 ●友達に積極的に関わりながら、相手にも思いがあることに気付く。 人間 ●冬の自然に親しむ。 環境 ●絵本や劇遊びの中で、言葉のやり取りを楽しむ。 言葉 ●経験したことや興味のあることを遊びの中に取り入れて楽しむ。 表現 ●身近な素材や用具を使い、かいたり切ったりつくったりして楽しむ。 環境 表現
●素材や用具、自然物、絵本などを用意し、様々な経験ができるようにする。 ●新しいことに取り組む際には、やり方を図や絵で分かりやすく示す。	●遊びに必要な物やスペースを用意し、友達と関われる場面や機会を多くつくる。 ●3歳児保育室で遊んだり、生活したりする機会を設け、進級への期待や安心感がもてるようにする。
●運動会に参加したり、表現発表会を見たりする機会を通して、踊ったり、楽器を鳴らしたりする楽しさが味わえるようにする。	●イメージを共有して楽しめるよう、分かりやすい言葉で投げかけ、ゆっくり遊びを展開する。また、友達の気持ちや関わり方を丁寧に伝える。

2歳児の

月案

おさえたい **3** つのポイント

月ごとに、特に力を入れて保育する内容を書き表す月案。前月と同じ記述では意味がありません。当たり前のことにならないよう、その月独自の記述を目指しましょう。

1 自分でできる喜びを十分に味わう

食事や衣服の着脱など、自分でしようとする姿を認め必要な援助だけをすることで、子どもは自分でできたことに自信をもちます。その自信が、新しいことへの挑戦や試行錯誤する意欲につながります。できないことを責めずに励まし、できたら共に喜ぶ保育者が支えです。

2 トイレトレーニングの充実を

タイミングが合うことも合わないこともありますが、活動の節目にはトイレに行き便座に座る習慣を付けましょう。成功したら保育者が喜ぶことで、徐々に自信をもち排泄を自分でコントロールできるようになります。デリケートなことなので、思いに寄り添いながら進めます。

3 友達と一緒に遊ぶ楽しさを

友達の名前も分かり、名前を呼んだり一緒に遊んだりすることもできるようになります。友達のために我慢させられることが多いと、友達なんていない方がよいと思う経験になってしまうので、友達がいるっていいなあと思える経験を重ねていきましょう。

前月末（今月初め）の子どもの姿

前月末の園生活における子どもの育ちの姿をとらえます。興味・関心やどんな気持ちで生活しているのかなど詳しく書きます。
※4月は「今月初めの子どもの姿」となります。

内容

「ねらい」を達成するために「経験させたいこと」です。保育所保育指針の「1歳以上3歳未満児」の5領域を意識して記述します。
本書では 健康 人間 環境 言葉 表現 で表示します。

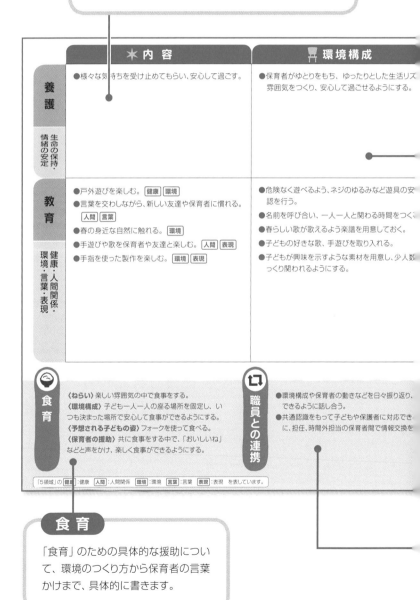

	★内容	🏠環境構成
養護　情緒の安定・生命の保持	●様々な気持ちを受け止めてもらい、安心して過ごす。	●保育者がゆとりをもち、ゆったりとした生活リズム雰囲気をつくり、安心して過ごせるようにする。
教育　健康・人間関係・環境・言葉・表現	●戸外遊びを楽しむ。 健康 環境 ●言葉を交わしながら、新しい友達や保育者に慣れる。 人間 言葉 ●春の身近な自然に触れる。 環境 ●手遊びや歌を保育者や友達と楽しむ。 人間 表現 ●手指を使った製作を楽しむ。 環境 表現	●危険なく遊べるよう、ネジのゆるみなど遊具の安全点検を行う。 ●名前を呼び合い、一人一人と関わる時間をつくる。 ●春らしい歌が歌えるよう楽譜を用意しておく。 ●子どもの好きな歌、手遊びを取り入れる。 ●子どもが興味を示すような素材を用意し、少人数でゆっくり関われるようにする。

🍚 食育
《ねらい》楽しい雰囲気の中で食事をする。
《環境構成》子ども一人一人の座る場所を固定し、いつも決まった場所で安心して食事ができるようにする。
《予想される子どもの姿》フォークを使って食べる。
《保育者の援助》共に食事をする中で、「おいしいね」などと声をかけ、楽しく食事ができるようにする。

🔄 職員との連携
●環境構成や保育者の動きなどを日々振り返り、できるように話し合う。
●共通認識をもって子どもや保護者に対応できるように、担任、時間外担当の保育者間で情報交換を

「5領域」の 健康：健康 人間：人間関係 環境：環境 言葉：言葉 表現：表現 を表しています。

食育

「食育」のための具体的な援助について、環境のつくり方から保育者の言葉かけまで、具体的に書きます。

ねらい

今月、育みたい資質・能力を子どもの生活する姿からとらえたものです。園生活を通じ、様々な体験を積み重ねる中で相互に関連をもちながら、次第に達成に向かいます。

月間予定

園またはクラスで行われる行事を書き出します。

🐟 今月初めの子どもの姿

- 鼻水の症状が見られるが、元気に過ごしている。
- 登園時に泣いてしまう子もいるが、遊びが見付かると、落ち着いて自分の好きな遊びを楽しんでいる。
- 食事はフォークを使って、意欲的に食べている。

◆ ねらい

- 保育者に見守られ、安心して過ごす中で、新しい環境に慣れる。
- 自分の好きな遊びや場を見付けて楽しむ。

🗒 月間予定

- こんにちは会
- 避難訓練
- 身体測定

予想される子どもの姿

環境構成された場に子どもが入ると、どのように動き、どのように活動するのかを予想して書きます。

🐟 予想される子どもの姿	🧴 保育者の援助
●安心して過ごす。 ●不安になり、泣いたり保育者に甘えたりする。	●一人一人の気持ちを代弁し、笑顔で話しかけるなどして、安心感がもてるようにする。
●砂遊び、滑り台、三輪車で遊ぶ。 ●友達や保育者に声をかける。 ●チューリップやアリ、ダンゴムシを見たり、触れたりする。 ●保育者と一緒に歌を歌う（「チューリップ」「おつかいありさん」「お花がわらった」）。 ●保育者をまね、手遊びをする（「山小屋いっけん」「ちいさなはたけ」）。 ●こいのぼりをつくる（シール、クレヨン）。	●好きな遊びをじっくり楽しめるように見守り、共に遊んで楽しさを共感する。 ●近くにいる友達に気付けるように声をかけ、子どもの話しかけには丁寧に応じて安心感がもてるようにする。 ●身近な自然に興味がもてるような投げかけをし、子どもの気付きに共感しながら丁寧に答え、嬉しさ、楽しさが味わえるようにする。 ●子どもが模倣しやすいように手の動きをゆっくり大きく行い、くり返し楽しめるようにする。 ●一人一人に応じた援助を行い、無理強いすることなく、楽しめるようにする。

保育者の援助

「ねらい」を達成するために「内容」を経験させる際、どのような保育者の援助が必要かを具体的に書きます。

環境構成

「ねらい」を達成するために「内容」を経験させる際、どのような環境を設定したらよいかを具体的に書きます。

評価・反省

翌月の計画に生かすため、子どもの育ちの姿を通して、「ねらい」にどこまで到達できたか、援助は適切だったかを振り返って書き留めます。

🏠 家庭との連携

- 登降園時の声かけや連絡ノートを通して、子どもの様子を具体的に知らせる。また、家庭からの質問や悩みに丁寧に応じ、保護者の心配や不安を和らげる。

✏️ 評価・反省

- 新しい環境の中で安心して過ごせるよう、一人一人の気持ちを受け止め対応した。日中は安心して過ごせるようになってきたが、時間外においては不安がる姿も見られた。一日を通して安心して過ごせるよう、今後も時間外担当の保育者との連携を十分に図っていきたい。
- 遊び面では、それぞれのコーナーを設け、遊びを見付けて楽しめるようにした。子どもの様子に合わせ、共に遊んだり見守ったりしたことで、くり返し遊びを楽しむ姿が見られる。友達の遊びに興味を示す姿も見られるので、場面に応じた関わりを大切にし、友達への興味や関心がより高まるようにしていきたい。

職員との連携

担任やクラスに関わる職員間で、子どもや保護者の情報を共有したり助け合ったりできるよう、心構えを記します。

家庭との連携

保護者と園とで一緒に子どもを育てていく上で、伝えることや尋ねること、連携を図って進めたいことについて記載します。

4月 月案

新しい環境に慣れて 安定して過ごせるように

新しいクラス編成になり、担当の保育者や保育室が替わることも多いでしょう。まずは安定して過ごせるよう、温かい雰囲気づくりと保育者との信頼関係づくりを大切に。また、食事、排泄などを自分でやろうとする気持ちを認め、個々に応じた援助を行います。

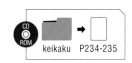

CD ROM keikaku P234-235

✴ 内 容	🪑 環境構成
養護 生命の保持・情緒の安定	●様々な気持ちを受け止めてもらい、安心して過ごす。	●保育者がゆとりをもち、ゆったりとした生活リズムと雰囲気をつくり、安心して過ごせるようにする。
教育 健康・人間関係・環境・言葉・表現	●戸外遊びを楽しむ。 健康 環境 ●言葉を交わしながら、新しい友達や保育者に慣れる。 人間 言葉 ●春の身近な自然に触れる。 環境 ●手遊びや歌を保育者や友達と楽しむ。 人間 表現 ●手指を使った製作を楽しむ。 環境 表現	●危険なく遊べるよう、ネジのゆるみなど遊具の安全確認を行う。 ●名前を呼び合い、一人一人と関わる時間をつくる。 ●春らしい歌が歌えるよう楽譜を用意しておく。 ●子どもの好きな歌、手遊びを取り入れる。 ●子どもが興味を示すような素材を用意し、少人数でじっくり関われるようにする。

食育

〈ねらい〉楽しい雰囲気の中で食事をする。
〈環境構成〉子ども一人一人の座る場所を固定し、いつも決まった場所で安心して食事ができるようにする。
〈予想される子どもの姿〉フォークを使って食べる。
〈保育者の援助〉共に食事をする中で、「おいしいね」などと声をかけ、楽しく食事ができるようにする。

職員との連携

●環境構成や保育者の動きなどを日々振り返り、改善できるように話し合う。
●共通認識をもって子どもや保護者に対応できるように、担任、時間外担当の保育者間で情報交換を行う。

👧 今月初めの子どもの姿

- 鼻水の症状が見られるが、元気に過ごしている。
- 登園時に泣いてしまう子もいるが、遊びが見付かると、落ち着いて自分の好きな遊びを楽しんでいる。
- 食事はフォークを使って、意欲的に食べている。

◆ ねらい

- 保育者に見守られ、安心して過ごす中で、新しい環境に慣れる。
- 自分の好きな遊びや場を見付けて楽しむ。

📋 月間予定

- こんにちは会
- 避難訓練
- 身体測定

👧 予想される子どもの姿	🍼 保育者の援助
●安心して過ごす。 ●不安になり、泣いたり保育者に甘えたりする。	●一人一人の気持ちを代弁し、笑顔で話しかけるなどして、安心感がもてるようにする。
●砂遊び、滑り台、三輪車で遊ぶ。 ●友達や保育者に声をかける。 ●チューリップやアリ、ダンゴムシを見たり、触れたりする。 ●保育者と一緒に歌を歌う（「チューリップ」「おつかいありさん」「お花がわらった」）。 ●保育者をまね、手遊びをする（「山小屋いっけん」「ちいさなはたけ」）。 ●こいのぼりをつくる（シール、クレヨン）。	●好きな遊びをじっくり楽しめるように見守り、共に遊んで楽しさを共感する。 ●近くにいる友達に気付けるように声をかけ、子どもの話しかけには丁寧に応じて安心感がもてるようにする。 ●身近な自然に興味がもてるような投げかけをし、子どもの気付きに共感しながら丁寧に答え、嬉しさ、楽しさが味わえるようにする。 ●子どもが模倣しやすいように手の動きをゆっくり大きく行い、くり返し楽しめるようにする。 ●一人一人に応じた援助を行い、無理強いすることなく、楽しめるようにする。

家庭との連携

- 登降園時の声かけや連絡ノートを通して、子どもの様子を具体的に知らせる。また、家庭からの質問や悩みに丁寧に応じ、保護者の心配や不安を和らげる。

評価・反省

- 新しい環境の中で安心して過ごせるよう、一人一人の気持ちを受け止め対応した。日中は安心して過ごせるようになってきたが、時間外においては不安がる姿も見られた。一日を通して安心して過ごせるよう、今後も時間外担当の保育者との連携を十分に図っていきたい。
- 遊び面では、それぞれのコーナーを設け、遊びを見付けて楽しめるようにした。子どもの様子に合わせ、共に遊んだり見守ったりしたことで、くり返し遊びを楽しむ姿が見られる。友達の遊びに興味を示す姿も見られるので、場面に応じた関わりを大切にし、友達への興味や関心がより高まるようにしていきたい。

5月 月案

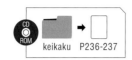

keikaku　P236-237

連休明けの疲れもあるので 生活リズムを整える

　連休明けで疲れが出たり、緊張感から解放されて甘えが出たり、機嫌が悪くなることもあります。急がせたり、こちらが慌てたりすることがないよう、ゆったりとした計画を立てましょう。戸外が気持ちのよい季節、外遊びを充実させるのもよいですね。

✴ 内 容	🪑 環境構成
養護 生命の保持・情緒の安定 ●規則的な生活リズムの中で、気持ちよく過ごす。	●日々規則正しく過ごせるよう生活リズムをつくる。
教育 健康・人間関係・環境・言葉・表現 ●戸外で全身を使って遊ぶ。 健康 ●簡単な身支度や生活の仕方を知る。 健康 ●友達のしていることに興味をもち、同じことをしようとする。 人間 ●春の身近な自然に触れ、関心をもつ。 環境 ●生活に必要な言葉が分かり、簡単なあいさつや返事をする。 言葉 ●手指を使った製作を楽しむ。 表現	●園庭に三輪車やスクーターを用意しておく。 ●事前に必要なものを見せながら、身支度のやり方を知らせる。 ●子どもの興味を把握し、必要な玩具を用意する。また、じっくり遊べるスペースを確保する。 ●戸外に出かけた際、虫や花に出会える場所へ誘導する。 ●朝の集まりや個別の関わりを通して、あいさつや返事が楽しめる場面を設ける。 ●いつでも製作が楽しめるよう、教材を十分に用意しておく。

🍚 食育

〈ねらい〉楽しい雰囲気の中で意欲的に食べようとする。
〈環境構成〉一人一人の摂取量に合わせ、量を加減する。
〈予想される子どもの姿〉フォークを使って自分で食べようとする。
〈保育者の援助〉自分で食べようとする姿を大いにほめ、「おいしいね」などと声をかけながら、楽しく食べられるようにする。

🔁 職員との連携

●子どもの動きを把握し、担任間で随時話し合いを設けながら、生活しやすい流れや室内環境を整える。
●一人一人の様子を朝夕担当の保育者にもこまめに伝え、同じ気持ちで関わりがもてるようにする。

「5領域」の 健康：健康 人間：人間関係 環境：環境 言葉：言葉 表現：表現 を表しています。

👧 前月末の子どもの姿

● 日中は安心して過ごせるようになるが、時間外になると引き継ぎ前より気分が崩れ、不安がる姿も見られる。

● 自分のロッカーが分かり、外遊びの準備をしようとする。

● 好きな遊びを楽しみ、友達の遊びにも興味を示す。

◆ ねらい

● 保育者に見守られて安心して過ごし、生活や環境に慣れる。

● 自分の好きな遊びを楽しんだり、友達の遊びに興味をもったりする。

📋 月間予定

● こどもの日会

● おもしろ園庭探険

● 懇談会

● 避難訓練

● 保育参観

● 身体測定

👧 予想される子どもの姿	🍼 保育者の援助
● 新しい環境、生活リズムに慣れる。 ● 休息を取る。	● 一人一人の体調や情緒面に留意し、必要に応じて休息を取ったり、ゆったり過ごせるように関わったりする。
● 滑り台、三輪車、スクーター、ブランコで遊ぶ。 ● 自分のロッカーに行き、カラー帽子、靴下を着用する。また、自分でできなくても、してみようとする。 ● 友達のしていることをまね、やってみる。 ● 虫探しをする。 ● 花の名前や色を言ったり、花をつんだりする。 ● 名前を呼ばれると、返事をしたり、あいさつをしたりする。 ● シールはりやお絵かきをする。	● 子どもの位置を確認しながら保育者が付き、危険がないようにする。 ● ゆとりをもって見守り、励ましながら、自分で身支度できた満足感が味わえるようにする。 ● 興味があることを十分に楽しめるよう、保育者も一緒に遊んだり、そばに付いたりして、友達と一緒に楽しめるようにする。 ● 同じ目線で自然を感じ、子どもがしたいことを共に楽しむ。 ● 分かりやすい言葉で声をかけ、上手に言えたことをほめて自信につなげる。 ● できあがった作品を目に付く場所に飾るなどして、自分でつくった満足感が味わえるようにする。

🏠 家庭との連携

● 懇談会や保育参観を通して、具体的な子どもの姿や年齢の特徴、成長の見通しなどを伝え、共通理解を深める。年齢特有のトラブルやその対応について知らせる。

✏️ 評価・反省

● 上旬に休みが入ったが、安心して過ごせるよう、毎日同じ流れの中で生活できるように心がけた。また、体調や天候を見て、外遊びを多く取り入れたことで気分転換にもなり、心身共に健康に過ごせたと思う。ゆったりと関わることで新しい環境にも慣れ、よく配慮できた。

● 遊びにおいては、保育者の仲立ちにより、友達との関わりを楽しむ姿も見られた。適切な援助であったが、室内の遊びの空間利用が不十分でもあった。今後は、仕切りをうまく使いながら、子どもがじっくり遊べるようにしていきたい。

6月 月案

雨の日は室内で遊びを工夫して子どもと楽しく過ごす

梅雨の時期に入り、外に出られない日も多く、子どももストレスがたまりがち。室内でも体を動かして遊べるようなスペースをつくっておきましょう。また、食事の面の清潔を気を付けるのはもちろん、子どもが口に入れがちな玩具を消毒するなどの配慮も必要です。

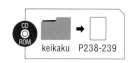

keikaku P238-239

	★ 内 容	🪑 環境構成
養護 生命の保持・情緒の安定	●梅雨の時期に応じた生活を送り、気持ちよく過ごす。	●適宜、水分補給を行えるように準備しておく。
教育 健康・人間関係・環境・言葉・表現	●戸外で全身を使って遊ぶ。 健康 ●身支度、後片付けなどの簡単な身の回りのことをしようとする。 健康 ●保育者を仲立ちとして、友達と関わって遊ぶ。 人間 ●砂、泥の感触を楽しむ。 環境 ●自分のしたいこと、してほしいことを言葉やしぐさで表す。 言葉 表現 ●かいたり、つくったりすることを楽しむ。 表現	●固定遊具の安全確認を行う。 ●日々、同じ流れの中で生活できるようにし、衣類の置き場所を固定する。 ●子どもの興味を把握して、遊び方に応じて玩具の量を加減し、じっくり遊べるスペースを確保する。 ●遊びが十分に楽しめるよう、時間配分に留意する。 ●生活や遊びに必要な言葉を使った絵本や紙芝居を取り入れる。 ●つくりたい物がイメージしやすいように見本を用意する。また、じっくり取り組めるよう、十分な時間を確保する。

食育

〈ねらい〉野菜を育て、食材に興味をもつ。
〈環境構成〉親しみのある野菜の苗や、じょうろを用意する。
〈予想される子どもの姿〉野菜の生長を見たり、水やりをしたりする。
〈保育者の援助〉プランターで野菜を育て、日々水やりをしながら、生長に気付けるような声かけをしていく。

職員との連携

●子どもが混乱なく身の回りのことを行えるよう、担任間で常に動線を確認し合い、スムーズに生活が送れるようにする。

👧 前月末の子どもの姿

- GW明け、不安定な姿も見られたが、体調を崩さず過ごす。
- 保育者の声かけを聞いて、行動しようとするが、自分の思いで遊び出してしまう子も多い。
- 保育者の仲立ちにより、友達と関わる姿も見られる。

◆ ねらい

- 保育者と一緒に身の回りのことをしようとする。
- 自分の好きな遊びを楽しんだり、友達の遊びに興味をもったりする。

📋 月間予定

- 保育参観
- おやつ遠足
- 内科検診
- 総合避難訓練
- 歯科検診
- 身体測定

👧 予想される子どもの姿	🍼 保育者の援助
●水分補給や着替えをする。	●気温や湿度に留意し、風通しをよくしたり、扇風機を活用したりする。また、気温や気候、体調に合わせた衣服に着替えられるよう声をかける。
●ジャングルジム、滑り台、三輪車で遊ぶ。かけっこを楽しむ。 ●靴、靴下、カラー帽子などの衣類の着脱を自分でしようとする。 ●使った物（玩具、衣類など）を片付ける。 ●友達と同じことをしたり、一緒に遊んだりする。 ●団子や山をつくり、型抜きをする。 ●自分の気持ちを、保育者や友達に言葉やしぐさで伝える。 ●七夕飾りづくりを楽しむ（シール、クレヨン、のり）。	●固定遊具には保育者が一人は付くなど、子どもの位置を確認しながら危険なく楽しめるようにする。 ●身支度を自分でしようとする気持ちを大切にし、遊び出してしまう子には、そばに付いて対応する。 ●子ども同士で遊ぶ様子を見守る。場を共有して楽しめるよう、同じ遊びをしている子に誘いかける。 ●砂場遊びに無理強いすることなく誘い、興味をもって楽しめるようにする。 ●自分から話そうとする気持ちを大切にする。うまく言えたときは、大いにほめ、自信につなげる。 ●教材の使い方を丁寧に説明する。

🏠 家庭との連携

- 雨の日が多くなり、気温差も大きくなるので、調整しやすい衣類を用意してもらう。
- 保育参観を通して、家庭や園での様子を伝え合い、共通理解を図る。

✏ 評価・反省

- 気温の変化と共に体調を崩す子もいたため、健康状態を把握したうえで、扇風機を活用するなど過ごしやすくした。更に暑さが続くことを考慮し、水分をこまめにとれるようにしたい。
- 清拭を取り入れたことで生活の流れが変わったが、動線を考えて進めたので、子どもも混乱することなく身の回りのことを行えた。今後は、シャワーや水遊びも入るので、学年間で連携し、身の回りのことへの意欲を高めていきたい。
- 遊びでは玩具の量を考え、じっくり遊べるスペースを確保した。玩具の取り合いなどのトラブルが多いので、状況を見て対応していきたい。

湿度と暑さによる
体力の消耗に注意して

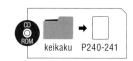

keikaku P240-241

　暑さが増し、水分ばかりほしがって食欲がなくなったり、体力を消耗したりしやすくなります。十分に休息を取りながら、一人一人の様子をよく観察しましょう。また、水の感触が心地よい時期です。水や泥と十分に触れ合う遊びを広げていきましょう。

✳ 内　容	🪑 環境構成
養護 生命の保持・情緒の安定	●清拭やシャワーをしてもらい、気持ちよく過ごす。 ●思いや気持ちを受け止めてもらうことで、安心して自分を表現する。	●清拭やシャワー、水分補給などがスムーズに行えるように準備しておく。 ●子どもの気持ちをしっかり受け止められるよう、ゆったりとした雰囲気をつくる。
教育 健康・人間関係・環境・言葉・表現	●身支度、後片付けなど、簡単な身の回りのことをしようとする。 健康 ●自分の好きな遊びを、友達と一緒にする。 人間 ●水、砂、泥の感触を楽しむ。 環境 ●自分のしたいことや、してほしいことを言葉やしぐさで表す。 言葉 表現 ●身近な素材に親しみ、かいたり、つくったりすることを楽しむ。 環境 表現	●活動を行う前に見通しがもてるよう生活の流れを伝える。 ●遊びが混ざらないで楽しめるように、それぞれの遊びのスペースを確保する。 ●危険なく遊べるように遊び場を整備し、水遊び用の玩具を用意する。また、日よけを張っておく。 ●保育者はゆっくりした言葉と身ぶりなどで、見本となるようふるまう。 ●いろいろな素材を十分に用意し、じっくり楽しめるようなスペースを確保する。

食育

〈ねらい〉食材に興味をもち、食べることを楽しむ。
〈環境構成〉食べ物の絵本を取り入れる。
〈予想される子どもの姿〉食材の名前を言ったり、「これは?」と尋ねたりする。
〈保育者の援助〉楽しい雰囲気の中で質問に丁寧に応じ、興味がもてるようにする。

職員との連携

●水遊び、シャワーを行うときには、生活動線を踏まえ、職員の位置、役割分担などを確認し合い、学年間で協力しながら混乱なく進める。

「5領域」の 健康:健康 人間:人間関係 環境:環境 言葉:言葉 表現:表現　を表しています。

👧 前月末の子どもの姿

- 生活の流れが多少変わるものの、混乱することなく過ごしている。
- 遊びごとに場を共有して楽しむ姿が見られるようになるが、玩具の取り合いなども多くなる。

◆ ねらい

- 保育者と一緒に身の回りのことをしようとする。
- 友達と好きな遊びを楽しむ。

📋 月間予定

- 七夕会
- スイカ割り
- 避難訓練
- おもしろ園庭探険
- 身体測定

🐕 予想される子どもの姿	🧴 保育者の援助
●清拭やシャワーをする。 ●水分補給をする。 ●自分の気持ちを保育者に伝えたり、思い通りにいかなくて泣いたり、駄々をこねたりする。	●気持ちよさが伝わるような声をかけ、清拭、シャワーをゆったりと進める。 ●こまめに水分がとれるようにする。 ●一人一人の思いを見逃すことなく、じっくり向き合って対応する。
●着替えやプールバッグを用意したり、後片付けをしたりする。 ●衣類の着脱をする。また、しようとする。 ●場を共有し、同じ遊びをしたり、協力して線路をつなげたりする。 ●水遊び、泥遊びをする。 ●自分の気持ちを、保育者や友達に言葉やしぐさで伝える。 ●絵の具、クレヨン、のり、粘土などを使って、かいたり、つくったりする。	●あせらず進め、自分でできたことを大いにほめ、自信につなげる。 ●楽しく遊んでいる様子を見守り、トラブルになったときには互いの気持ちを代弁するなどして、相手の思いを伝えていく。 ●保育者も一緒に遊びながら楽しさを共有する。水がかかるのが苦手な子には別の場所を用意するなど、無理なく楽しめるようにする。 ●どう言えばよいか声をかけ、思いを伝えるきっかけをつくる。 ●やりたい気持ちを受け止め、様々な遊び方が楽しめるよう一緒に遊ぶ。

🏠 家庭との連携

- プールカードの記入や水遊びの準備などを忘れずに行ってもらえるよう、お便りを配布する。また、個別に声をかける。

✏️ 評価・反省

- 生活の流れを伝え、見通しがもてるようにしたことで、手順を理解して行動に移そうとするが、早く終えたくて「やって」と言ってくることも多い。一人一人に合わせた声かけや関わり方を大切にしたい。
- 水遊びにおいては、水がかかるのが苦手な子のために、無理なく遊べるように場所を用意した。それぞれの場で互いに近くにいる友達と笑い合って楽しむ様子が見られるが、楽しさのあまり遊び方が雑になってしまうこともある。みんなが気持ちよく楽しめるよう声をかけ、遊び方、相手の思いを知らせていきたい。

8月 月案

暑さで疲れやすい時期。休息と水分はたっぷり取って

外と室内に気温差があるので、体調にはいつも以上に気を配る必要があります。暑さだけで疲れやすくなるので、午睡をたっぷり取ります。また、夏休みを家族で過ごす子も多くなります。人数が少なくても楽しく過ごせるように、異年齢遊びを取り入れても。

CD ROM　keikaku　P242-243

★ 内 容	🪑 環境構成
養護 生命の保持・情緒の安定	●シャワー、水遊びをして、気持ちよく過ごす。	●水分補給やシャワー、水遊びがスムーズに行えるように準備しておく。
教育 健康・人間関係・環境・言葉・表現	●水遊びやシャワーの準備、着替え、片付けなどを自分でしようとする。 健康 ●好きな遊びを通して、友達との関わりを楽しむ。 人間 ●水、砂、泥などで遊ぶ。 環境 ●遊びの中で、保育者や友達との言葉のやり取りを楽しむ。 人間 言葉 ●リズムに合わせて体を動かすことを楽しむ。 表現	●水遊びの用意と片付けを、決まった場所で取り組めるようにする。 ●遊びに必要な玩具の量、スペースを用意する。 ●遊びが十分に楽しめるよう時間配分に留意し、水遊びができない子が楽しめる遊びや場所を確保する。また、テラスには日よけを張っておく。 ●遊び方が広がるような絵本や紙芝居を取り入れる。 ●体を十分に動かして楽しめるスペースを確保する。

食育
〈ねらい〉食材に興味をもち、食べることを楽しむ。
〈環境構成〉食べる前に食材、メニューを紹介する。
〈予想される子どもの姿〉食材を見て、色や形、硬さなどを言葉で伝える。
〈保育者の援助〉食材と、味や食感がつながるような声をかける。

職員との連携
●健康状態で気付いたことを職員間で伝え合い、各自で一人一人の体調を把握する。また、安全に水遊びが楽しめるように声をかけ合う。
●水遊びができない子も楽しく過ごせるよう、学年間で協力し合って室内外の遊びを設定する。

「5領域」の 健康：健康 人間：人間関係 環境：環境 言葉：言葉 表現：表現 を表しています。

👧 前月末の子どもの姿

- 生活の流れが分かるようになり、自ら行動に移そうとするが、早く終えたくて「やって」と言うことが多くなる。
- 水遊びでは、そばにいる友達と楽しむ姿が見られるが、遊びが乱暴になり、友達に嫌な思いをさせることもある。

◆ ねらい

- 保育者に手伝ってもらいながら、身の回りのことをしようとする。
- 気の合う友達と好きな遊びを楽しむ。

📋 月間予定

- 避難訓練
- 身体測定

👧 予想される子どもの姿	🧴 保育者の援助
●シャワー、水遊びをする。 ●水分補給をする。 ●休息を取る。	●エアコンを使用する際は、室内外の気温差に留意する。 ●水遊びの後には十分に休息と水分を取るようにし、子どもの顔色や体調の変化に気を配る。
●プールバッグの用意や、片付けをしようとする。 ●衣類の着脱をする。また、しようとする。 ●友達とブロックや、ままごとをする。 ●水遊び、砂遊び、泥遊びをする。 ●お出かけごっこ、レストランごっこ、買い物ごっこを楽しむ。 ●音楽に合わせて体を動かす。	●一人一人に合わせて声をかけ、自分で着脱できるよう、さり気なく援助する。 ●友達と遊ぶ様子を見守り、時々声をかけるなどして、一緒に遊ぶ楽しさが味わえるようにする。 ●保育者も一緒に遊び、楽しさを共有する。また、必要に応じて、遊び方を知らせる。 ●遊びのイメージが共有できるように、保育者が互いの思いを代弁するなど、やり取りが楽しめるようにする。 ●子どもが模倣しやすいよう体を大きく動かし、保育者が率先して楽しむ。

🏠 家庭との連携

- 長期休みの場合、休み中の様子を連絡ノートや口頭で知らせてもらい、休み明けの体調を把握する。

✏️ 評価・反省

- 身の回りのことを自分で行えるよう、流れを変えずに進めていった。水遊びやシャワーの準備、片付けを進んで行う姿が見られた。一方で、衣服の上下、前後が分からない子も多いので、少しずつ衣服の仕組みに気付けるよう、着脱の仕方を丁寧に知らせたい。
- 遊びの面では、十分に好きな遊びを楽しめる時間や場所を確保した。友達との関わりが増え、じっくり楽しむ姿が見られたのでよかった。
- 食事では食材に興味をもち、楽しみながら食べているが、食事中の姿勢が悪くなりがちなので、子どもに丁寧に声をかけ、自分で気付けるようにしたい。

9月 月案

園での生活リズムを整えながら戸外で活動的な遊びを

夏休みをとり、生活リズムが乱れてしまった子どももいます。ゆったりとした流れの中で、生活リズムを整えていきましょう。駆けたり、跳んだりが楽しい時期。運動遊びなど、全身を使った遊びに誘いましょう。年上の子の遊びを見るのも刺激になります。

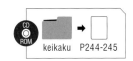

keikaku P244-245

★ 内 容	🪑 環境構成
養護 生命の保持・情緒の安定	●夏の疲れを感じず、快適に過ごす。	●休息や水分補給が、いつでもできるスペースを用意する。
教育 健康・人間関係・環境・言葉・表現	●全身を使って十分に遊ぶ。 健康 ●着脱の仕方が分かり、自分でしようとする。 健康 ●保育者や友達に親しみをもち、自分から関わろうとする。 人間 ●秋の身近な自然に触れる。 環境 ●毎日の生活の中で、保育者や友達との言葉のやり取りを楽しむ。 言葉 ●リズムに合わせて体を動かすことを楽しむ。 表現	●体操や運動遊びを取り入れる。 ●スペースを確保し、身の回りのことがじっくり行えるようにする。 ●一人一人の興味のあることを把握し、関わりがもてる場をつくる。 ●戸外に出かける機会を多くつくったり、季節の歌を取り入れたりする。 ●発達や子どもの興味に合った内容の絵本や紙芝居を取り入れ、様々な言葉に触れる機会をつくる。 ●子どもの好きな体操や動きやすいテンポの曲を取り入れる。

🍚 食育	〈ねらい〉姿勢を意識しながら、食べることを楽しむ。 〈環境構成〉食事前に姿勢を整え、保育者が見本となる。 〈予想される子どもの姿〉椅子を寄せ、姿勢を整えてから、あいさつをして食べる。前を向いて食べる。 〈保育者の援助〉前を向いて食べられるように、そのつど声をかけて知らせ、姿勢よく食べられている際には大いにほめ、習慣になるようにする。
🔁 職員との連携	●職員の配置や分担について、クラス間や学年間で声をかけ合い、散歩や様々な運動遊びが安全に楽しめるようにする。

「5領域」の 健康：健康 人間：人間関係 環境：環境 言葉：言葉 表現：表現 を表しています。

👧 前月末の子どもの姿

- 水遊び、シャワーの準備や片付けを進んで行おうとする半面、衣服の上下、前後の間違いが多い。
- 友達との関わりが増え、ごっこ遊びを楽しむ。
- 食事の際、横向きになる子が多い。

◆ ねらい

- 保育者に手伝ってもらいながら、身の回りのことをしようとする。
- 保育者や友達と一緒に、全身を使った遊びを楽しむ。

📋 月間予定

- 運動会全体予行練習
- 避難訓練
- 身体測定

👧 予想される子どもの姿	🍼 保育者の援助
●休息を取ったり、水分補給をしたりする。	●一人一人の子どもの様子を十分に把握し、状況によっては活動を早めに切り上げ、休息が十分に取れるように対応する。
●体操、追いかけっこ、ボール遊びを楽しむ。 ●衣類の着脱をする。また、しようとする。 ●友達や友達のしていることに興味をもち、遊びに加わる。 ●トンボを追いかける。 ●保育者と一緒に歌を歌ったり、手遊びをしたりする(「とんぼのめがね」「どんぐりころころ」「やきいもグーチーパー」)。 ●言葉のやり取りをする。 ●音楽に合わせて体を動かす。	●保育者も一緒に体を動かし、楽しさを共有する。危険なく遊べるように子どもの動きに留意する。 ●衣服の仕組みに気付けるよう、着方を丁寧に知らせる。 ●必要に応じて誘いかけ、友達と一緒に遊ぶ機会をつくる。 ●身近な自然に興味がもてるような投げかけを行い、子どもの気付きに共感し、嬉しさ、楽しさが味わえるようにする。 ●いろいろな言葉を投げかけ、子どもから言葉を引き出し、やり取りが楽しめるようにする。 ●体を動かす心地よさ、楽しさが味わえるよう、一緒に踊りながら盛り上げる。

🏠 家庭との連携

- 疲れが出やすい時期なので、子どもの健康状態を互いに把握し、規則正しい生活ができるようにする。
- 運動会についての内容を掲示したり、お便りを用いたりして、分かりやすく保護者に伝える。

✏️ 評価・反省

- 身の回りのことに興味が出てきた時期とも重なり、自分でやってみようとしている。一人一人のできることを見極め、必要に応じた援助を行ってきたのがよい結果につながったと思う。今後、新しいことに取り組んでいく際にも、一人一人に応じた関わりを大切にしていきたい。
- 全身を使った遊びでは、保育者も一緒に楽しみながら、積極的に体操や運動遊びを取り入れていった。体を使って遊ぶ楽しさと共に、遊びの中でのやり取りも十分に行ったことで、双方の楽しさを伝えることができた。適切な援助を行うことができたと思う。

10月 月案

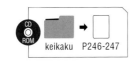

食材や戸外で豊かな秋を感じ
この時期の自然を楽しむ

食欲の秋。おいしい旬の食材が入った給食で、たっぷり遊んだ後のおなかを満たしてくれます。まず、保育者がおいしそうに食べてみせて楽しい食事シーンを演出しましょう。また、散歩のコースを吟味し、秋ならではの虫や草花、木の実と出会えるようにしましょう。

CD ROM　keikaku　P246-247

★ 内 容	環境構成
養護　生命の保持・情緒の安定	
●気温の変化に応じた生活を送り、健康で快適に過ごす。	●水分補給が行えるように準備しておく。
教育　健康・人間関係・環境・言葉・表現	
●全身や遊具を使って遊ぶ。 健康 環境	●固定遊具や広いスペースのある公園に行く機会を多くもつ。
●食器の片付けやブクブクうがいの仕方が分かり、自分でしようとする。 健康	●食器の片付けは図や絵で分かりやすく示す。
●好きな遊びの中で、気の合う友達と積極的に関わりをもつ。 人間	●好きな遊びがじっくり楽しめるよう、スペース、玩具を整えておく。
●散歩に出かけ、秋を感じる。 環境	●散歩に出かける機会を多くもつ。
●ごっこ遊びの中で、言葉のやり取りを楽しむ。 言葉	●遊びにつながるような絵本や紙芝居を取り入れる。
●リズム遊びや体操を楽しむ。 表現	●子どもの好きな曲や楽器を用意する。

食育

〈ねらい〉皿やお椀に手を添えたり、持ったりして意欲的に食べる。
〈環境構成〉添え方や持ち方の見本を示す。
〈予想される子どもの姿〉皿やお椀に手を添えたり、持ったりして食べる。
〈保育者の援助〉皿やお椀の持ち方を、そのつど声をかけて知らせ、無理なく進めていく。

職員との連携

●運動会で行う競技においては、日頃の保育の中で無理なく楽しめるよう、学年間で話し合って進める。
●個人面談での内容について担任間で共通理解をし、今後の保育に生かせるようにする。

「5領域」の 健康：健康 人間：人間関係 環境：環境 言葉：言葉 表現：表現 を表しています。

前月末の子どもの姿

- 着脱の仕方や必要なことが分かり、身の回りのことを自分でやってみようとしている。
- 友達と一緒に追いかけっこや体操をくり返し楽しんだり、やり取りを楽しんだりする。

◆ねらい

- 保育者に見守られながら、身の回りのことをしようとする。
- 全身を使った活動的な遊びを楽しむ。

月間予定

- 運動会
- 避難訓練
- 保育参観
- 個人面談
- 身体測定

予想される子どもの姿	保育者の援助
●水分補給や着替えをする。	●風通しをよくし、気温や気候、体調に合わせた衣服に着替えていけるよう、声をかける。
●三輪車、ジャングルジム、かけっこ、体操、ボール蹴り、なわとび電車を楽しむ。 ●食器の片付け、ブクブクうがいをする。 ●数人(2～4人)の友達で同じ遊びをする。 ●喜んで散歩に行く。 ●赤や黄色の葉っぱを見付けたり、ドングリを拾ったりする。 ●「どれにしますか」「○○ください」などのやり取りをする。 ●音楽に合わせて体を動かしたり、楽器(タンバリン、鈴、カスタネット)を鳴らしたりする。	●保育者が率先して遊びを楽しみ、子どもが安全に遊べるようにする。 ●一人一人に合わせて声をかけ、できたときは大いにほめ、自信と共に習慣になるようにする。 ●子ども同士で遊ぶ様子を見守り、時々声をかけ、一緒に遊ぶ楽しさが味わえるようにする。 ●子どもの気付きに応じて、自然の変化に注目するよう声をかける。 ●イメージが共有できるよう声をかけたり、子どもの投げかけに丁寧に応じたりして、やり取りが楽しめるようにする。 ●保育者も共に楽しみながら、体の動きや楽器の使い方を知らせていく。

 家庭との連携

- 保育参観や個人面談を通して家庭や園での様子を伝え合い、成長を共に喜びながら、今後の見通しについて共通理解を図る。

 評価・反省

- 新しく取り入れた食器の片付けやブクブクうがいは、一人一人に応じた関わりを大切にすることで、自分でやってみようとする姿が見られた。また、ガラガラうがいをする子も増えるが、上を向くことに抵抗がある子や手洗いを簡単に済ませがちな子が多いので、風邪予防の意味でも丁寧に行えるようそばに付いて知らせたい。
- 戸外遊びの時間を十分につくり、満足して楽しめるようにした。ごっこ遊びでは、三輪車やなわとびを用いて活動的な遊びも楽しむことができた。子どもの興味に合わせた対応ができたと思う。遊びの中で、自分の思いがうまく伝えられずトラブルになることもあるので、状況を見た対応を心がけたい。

11月 月案

手洗い・うがいを習慣づけて、風邪を予防

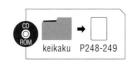

CD ROM　keikaku　→　P248-249

　気温が下がるので、風邪をひく子どもが増えてきます。手洗い・うがいの仕方を丁寧に教え、予防できるようにしましょう。また、拾ってきたドングリや落ち葉、松ぼっくりなどを使って、製作を楽しむのもおすすめ。取り組みやすい環境を整えましょう。

★ 内 容	🪑 環境構成
養護 生命の保持・情緒の安定	●衣服の調節や手洗い、うがいを行い、健康で快適に過ごす。 ●思いや気持ちを受け止められ、安心して自己主張する。	●看護師と連携を図り、手洗いの仕方を図示する。 ●十分な信頼関係の下、いつも笑顔で受け止める心の準備をしておく。
教育 健康・人間関係・環境・言葉・表現	●全身や遊具を使って十分に遊ぶ。 健康 環境 ●ガラガラうがいや丁寧な手の洗い方が分かり、自分でしようとする。 健康 ●気の合う友達との遊びの中で、積極的に関わりながら、自分の思いを相手に伝える。 人間 表現 ●秋の自然物に親しむ。 環境 ●保育者や友達と、いろいろなやり取りを楽しむ。 人間 言葉 ●かいたり、切ったり、つくったりすることを楽しむ。 表現	●すぐに遊びを楽しめるよう、ボールやしっぽ取りのひもなど、遊びに必要なものを用意しておく。 ●手洗いやうがいを図や絵で分かりやすく示し、見本を見せる。 ●手洗いの歌を流す。 ●友達との関わりをテーマとした絵本や紙芝居を取り入れる。 ●散歩に出かけ、自然物に触れられる機会を多くつくる。 ●言葉のやり取りが十分に楽しめる機会をつくる。 ●少人数でじっくり製作を行えるようにする。 ●製作物の見本を用意する。

食育

〈ねらい〉皿やお椀に手を添えたり、持ったりして意欲的に食べる。
〈環境構成〉添え方や持ち方の見本を示す。
〈予想される子どもの姿〉皿やお椀に手を添えたり、持ったりして食べる。
〈保育者の援助〉そのつど声をかけて知らせ、上手に食べられているときには大いにほめ、身に付くようにする。

職員との連携

●丁寧な手の洗い方が身に付くよう、クラスだけでなく看護師とも調整しながら、手洗いの仕方を伝える機会を設ける。

「5領域」の 健康：健康 人間：人間関係 環境：環境 言葉：言葉 表現：表現 を表しています。

前月末の子どもの姿

- なわとびを使ったごっこ遊びなどを楽しむ。友達との関わりでは、思いがうまく伝えられずに手が出てしまう。
- 食器の片付けやブクブクうがいを進んでやろうとするが、手洗いは簡単に済ませがちである。

◆ねらい

- 保育者の声かけで、身の回りのことを少しずつ自分でしようとする。
- 秋の自然の中で、活動的な遊びを楽しむ。

月間予定

- 内科検診
- 遠足
- ハッピーサタデー
- 歯科検診
- 3歳未満児集会
- 避難訓練
- 焼き芋会
- 身体測定

予想される子どもの姿	保育者の援助
●着替えをしたり、上着を着たりする。 ●手順よく手を洗ったり、ガラガラうがいをしたりする。また、してみようとする。 ●自分の思いを保育者に伝える。	●気温や一人一人の体調、活動に合わせて、衣服の調節を行う。 ●一人一人の思いをしっかり受け止め、じっくり関わりをもつ。
●ボールを追いかける。しっぽ取りや、なわとび電車をする。 ●ガラガラうがいをする。また、しようとしてみる。 ●手順よく手を洗う。 ●気の合う友達と遊びながら、自分の思いを伝える。 ●ドングリで、ケーキをつくる。 ●落ち葉で、おばけごっこをする。 ●喜んで散歩に行く。 ●ごっこ遊びの中で、やり取りをする。 ●質問に答えたり、経験したことを話したりする。 ●木、ミノムシ、ピザづくりをする(クレヨン、ハサミ、のり、ボンド)。	●保育者も一緒に遊び、体を動かす心地よさが味わえるようにする。 ●「一緒にやろうね」と声をかけ、そばに付いて手洗いの仕方を知らせ、できたことを大いにほめる。 ●子ども同士で遊ぶ姿を見守り、トラブルの際は、思いを代弁し、言葉で伝えられるよう援助する。 ●自然物への興味、発見に共感し、興味を深める遊びを投げかける。 ●話したい気持ちを受け止め、やり取りを楽しめるようにする。 ●できた物を使って遊びが楽しめるようにする。はさみを安全に使用できるよう、そばに付き使い方を丁寧に知らせる。

家庭との連携

- ハッピーサタデーを通して保育園での活動内容を知ってもらい、共通理解を深める。
- 手洗いうがい、はさみの使い方など、家庭でも取り組んでもらえるよう、お便りで伝える。

評価・反省

- 戸外に出かける機会を多くつくるようにした。広い場所、秋の自然物(落ち葉、ドングリ、マツボックリ)に触れられる場所を取り入れたことで、秋の自然の中で思い切り走ったり、ごっこ遊びを楽しんだりできてよかった。
- 手洗いは、そばに付いてやり方を知らせると共に、看護師と連携し、歌を取り入れながら楽しく身に付けられるようにした。洗い方が丁寧になり、外遊び後の手洗いは定着したが、食後、できていた食器の片付けやうがいをせず、遊び出す子が多い。手をつないで行動を共にしたり、保育者がやって見せたりして、一人一人との関わり方を工夫していきたい。

12月 月案

クリスマスや年末の雰囲気を遊びにも取り入れて楽しむ

12月は街もイルミネーションなどで華やかになります。クリスマスや年末大売り出しなどの飾り付けを見て楽しみ、遊びの中にも取り入れられるようにしましょう。また、表現活動を楽しむ計画も多い時期なので、無理なくみんなで取り組める内容を組み立てましょう。

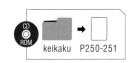

CD ROM　keikaku　P250-251 → □

★ 内 容	🪑 環境構成
養護 生命の保持・情緒の安定	●冬期に応じた生活を送り、健康で快適に過ごす。 ●思いや気持ちを受け止められ、安心して自己主張する。	●子どもの取りやすい場所にティッシュケースとゴミ箱を置く。 ●サンタの帽子をかぶるなど、子どもが話しかけやすいように準備する。
教育 健康・人間関係・環境・言葉・表現	●友達と一緒に、全身や遊具を使って十分に遊ぶ。 健康 人間 環境 ●毎日の生活の仕方が分かり、できることは自分でしようとする。 健康 ●気の合う友達と積極的に関わりながら、自分の思いを相手に伝える。 人間 表現 ●クリスマスや年末の雰囲気に触れる。 環境 ●やり取りを楽しむ中で、言葉を増やす。 言葉 ●身近な素材や用具に親しみ、かいたり、切ったり、つくったりすることを楽しむ。 環境 表現 ●リズム遊びや体操を楽しむ。 表現	●ルールのある遊びは紙芝居や人形を用いて分かりやすく伝え、興味がもてるようにする。 ●生活の流れと場所を固定する。 ●こんなときはどうしたらよいのかと子どもに投げかけ、考えてみる機会をつくる。 ●散歩の際、街の雰囲気に触れる。また、製作を用意する。 ●個別の関わりや少人数でやり取りを楽しめる機会を設ける。 ●満足して楽しめるような素材や用具を十分に用意する。 ●季節に合った曲や、人数分の楽器を用意する。

 食育

〈ねらい〉フォークの持ち方を意識しながら、楽しく食べる。
〈環境構成〉フォークの持ち方を知らせる機会をもつ。
〈予想される子どもの姿〉自分なりに正しく持とうとする。
〈保育者の援助〉保育者が見本となり、正しい持ち方を知らせ、無理強いすることなく、一人一人の段階に応じた援助を行う。

 **職員との連携**

●定期的に湿度、室温を確認する。役割分担をするなどして、朝夕担当の保育者とも協力しながら一日を通して快適に過ごせるようにする（11月末より、加湿空気清浄機を設置）。また、子どもの体調に留意し、気付いたことを伝え合う。

前月末の子どもの姿

- 食後の手洗い、うがいを、やりたがらなかったり、忘れて遊び出したりする。
- ドングリや落ち葉を使って、ごっこ遊びを楽しむ。また、追いかけっこが始まると興味を示し、参加する。

◆ねらい

- 保育者の声かけで、身の回りのことを自分でしようとする。
- 友達や保育者と一緒に活動的な遊びを楽しむ。

月間予定

- 表現発表お披露目会
- 避難訓練
- もちつき
- 身体測定
- お楽しみ会、ちびっこサンタ

予想される子どもの姿	保育者の援助
●鼻水が出たことが分かり、自分でふいたり、かんだりする。 ●自分の思いを保育者に伝える。	●適宜、換気を行い、体調の変化が見られたときは適切に対応する。 ●鼻のふき方、かみ方を丁寧に知らせる。 ●一人一人の思いをしっかり受け止め、じっくりと関わりをもつ。
●かくれんぼやしっぽ取り、三輪車でのお出かけごっこを楽しむ。 ●保育者の言葉を聞き、次の行動に移ろうとする。 ●気の合う友達と遊びながら、自分の思いを伝える。 ●クリスマスツリーや門松などの装飾を見たり、つくったりする。 ●質問に答えたり、経験したことを話したりする。 ●クリスマスツリー、プレゼントづくりをする（クレヨン、はさみ、のり、カラーセロハン）。 ●音楽に合わせて体を動かし、楽器（タンバリン、鈴）を鳴らす。	●継続して楽しめるよう、保育者も共に遊んで盛り上げる。 ●自分で次の行動をしようとする姿を大いにほめ、自信につなげる。 ●うまく伝えられないときは、言葉を添えるなどしてサポートする。 ●子どもの気付きに共感し、年末の雰囲気が楽しめるようにする。 ●相づちを打ちながら、じっくり話を聞き、満足感やもっと話したいという気持ちがもてるようにする。 ●作品を展示し、自分でつくった満足感を味わえるようにする。 ●保育者自身が楽しみ、表現する楽しさを動きや表情で伝えていく。

 家庭との連携

- 体調を崩しやすい時期なので、連絡ノートや口頭で、健康状態について、こまめに連絡を取り合う。

 評価・反省

- 一人一人の子どもの様子に合わせて、共に行動したり、見守ったりした。できたことを大いにほめていくことで自信にもなり、スムーズに動ける子がいる半面、なかなか気分がのらない子もいる。引き続き、一人一人に応じた関わりを心がけ、意欲がもてるようにしていきたい。
- 遊びでは、子どもの「やりたい」という思いに十分こたえるようにした。ルールや遊び方が分からず中断してしまうこともあったが、子どもに分かりやすく伝えたり、共に行動したりすることで、くり返し楽しむようになった。今後も興味があることを十分に楽しみながら友達と関わる楽しさも味わえるようにしたい。

1月 月案

お正月をきっかけに 日本の伝統文化に触れる

新しい年を迎え、子どもたちもはりきっていることでしょう。「今年は○どし」という話をしながら、日本の文化にも触れられるように計画を立てましょう。日本の昔話を絵本や紙芝居で伝え、お話の世界を十分に楽しみ、その世界を味わいましょう。

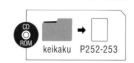

CD ROM keikaku P252-253

☀ 内 容	🪑 環境構成
養護 生命の保持・情緒の安定	●冬の寒さに応じた生活を送り、健康で快適に過ごす。	●加湿空気清浄機を定期的に清掃し、適切な湿度を保つ。 ●子どもが取りやすい場所にティッシュケースとゴミ箱を置く。
教育 健康・人間関係・環境・言葉・表現	●全身を使う遊びや集団での簡単な遊びを楽しむ。 健康 人間 ●毎日の生活の中で、次にすることが分かり、できることは自分でしようとする。 健康 ●友達と関わりながら、ごっこ遊びを楽しむ。 人間 ●正月遊びを楽しむ。 環境 ●絵本などの再現遊びをする中で、言葉のやり取りを楽しむ。 言葉 ●身近な素材や用具を使い、かいたり、切ったり、つくったりすることを楽しむ。 環境 表現	●遊びに必要な物やスペースを用意する。ルールのある遊びは興味に応じ、やり方を知らせる。 ●日々、同じ流れで生活し、場所を固定する。 ●小道具を用意し、遊びが楽しめるようにする。 ●絵本や紙芝居を取り入れ、正月遊びを知らせる。 ●正月遊びを準備したり、つくったりして遊ぶ機会を設ける。 ●子どもの好きな絵本を取り入れる。 ●いつでも楽しめるように素材や用具を用意し、目に付く場所に置いておく。

食育

〈ねらい〉フォークの持ち方を意識しながら、食べる。
〈環境構成〉食べ始める前に手を添え、正しい持ち方ができるようにする。
〈予想される子どもの姿〉自分なりにフォークを正しく持とうとする。
〈保育者の援助〉フォークを持ちにくそうにしているときには手を添えたり、持ち方を言葉で知らせたりする。

職員との連携

●学年間で2月の3歳未満児集会に向けての内容や流れを確認し合い、スムーズに行えるようにする。

「5領域」の 健康 :健康 人間 :人間関係 環境 :環境 言葉 :言葉 表現 :表現 を表しています。

👧 前月末の子どもの姿

- かくれんぼなどのルールのある遊びを楽しむ。
- 進んで身の回りのことをする子と、なかなか気分がのらない子がいる。
- 言葉のやり取りを楽しみ、相手に分かるように話す。

◆ ねらい

- 保育者の声かけで、身の回りのことを自分でしようとする。
- ごっこ遊びや集団遊びを通して、友達との関わりを楽しむ。

📋 月間予定

- 人形劇
- 避難訓練
- 身体測定

👧 予想される子どもの姿	🍼 保育者の援助
●鼻水が出たことが分かり、自分でふいたり、かんだりする。	●エアコンの設定温度に気を付け、適宜、換気を行う。 ●鼻のふき方、かみ方を手を添えながら丁寧に知らせる。
●しっぽ取り、なわとび電車、かくれんぼ、宝探し、椅子取りゲームを楽しむ。 ●次にすることが分かり、行動に移そうとする（着替え、手洗い、うがい、排泄など）。 ●友達とごっこ遊びをする(お店屋さんごっこ、豆まきごっこ、お出かけごっこ)。 ●凧あげ、福笑い、はねつきを楽しむ。 ●凧をつくる。 ●劇遊びのせりふや動きをまねる（「三匹のこぶた」「すうじの歌」）。 ●雪の結晶、鬼の面、新聞紙の豆づくりを楽しむ（クレヨン、はさみ、のり、新聞紙、毛糸）。	●保育者が率先して遊びを楽しみ、体を動かす楽しさを伝える。 ●なかなか取りかからない子は、そばに付いて対応する。できたことを大いにほめ、意欲につなげる。 ●子ども同士で遊ぶ姿を見守り、必要に応じて中に入り、遊びを盛り上げる。 ●子どもが興味を示す姿を見逃さずに誘いかけ、そばに付いて遊び方やつくり方を知らせる。 ●保育者も遊びに加わり、再現しやすい場面を取り入れ、やり取りが楽しめるようにする。 ●自分でつくった物を使って楽しめるよう、子どもを待たすことなく仕上げていくようにする。

🏠 家庭との連携

- 年末年始の休み中の様子を知らせてもらい、休み明けもスムーズに園の生活に慣れるようにする。
- 食具に興味をもち始めたことをお便りで伝え、家庭でも取り組んでもらえるようにする。

✏️ 評価・反省

- 身の回りのことを、進んで行う子、なかなか取りかからない子の差があったものの、一人一人に応じた関わりを心がけた。後者には、早めに声をかけていくことでじっくりと対応ができ、次第に友達の姿を見て自分もやろうとするようになった。適切な援助が行えたと思う。
- 必要に応じて遊びに入っていくことで、友達と一緒に一つの遊びを継続して楽しむようになった。成長を感じて嬉しく思う。引き続き、より多くの友達と関わるようにしていきたい。

Part **3**

指導計画

1月 … 月案

2月 月案

友達との関わりを深め活動を共に楽しむ

keikaku P254-255

　クラスの友達とのつながりも深くなり、それぞれの子どもの育ちを感じられる時期です。一つ一つのことに自信がもてるように関わることが大切です。霜柱や氷などの冬の自然に触れ、息が白くなることや、冬ならではの事象を楽しみましょう。

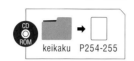

✴ 内 容	🪑 環境構成
養護 生命の保持・情緒の安定	●外気温との温度差に適応し、健康で快適に過ごす。 ●気持ちに共感してもらい、進級に向けて意欲をもつ。	●加湿空気清浄機を定期的に清掃し、適切な湿度を保つ。 ●大きくなる喜びが味わえるような話を取り入れる。
教育 健康・人間関係・環境・言葉・表現	●全身を使う遊びや、集団での簡単な遊びを楽しむ。 健康 人間 ●生活の見通しをもち、できることは自分でしようとする。 健康 ●友達と積極的に関わりながら、相手にも思いがあることを知る。 人間 ●冬の自然に親しむ。 環境 ●絵本などの再現遊びをする中で、言葉のやり取りを楽しむ。 言葉 ●身近な素材や用具を使い、かいたり、切ったり、つくったりすることを楽しむ。 環境 表現	●遊びに必要な物やスペースを用意する。ルールのある遊びは事前にやり方を説明する。 ●次の活動が何か、視覚的に分かるように場づくりする。 ●遊びなどを通して、友達とのやり取りを楽しんだり、相手の思いに気付いたりする場面をつくる。 ●散歩に出かけるなど、自然に触れられる機会を多くつくる。 ●くり返しのやり取りがある絵本を取り入れる。 ●いつでも製作を楽しめるように素材や用具を準備し、コーナーを設ける。

食育

〈ねらい〉食事のマナーを知り、友達と楽しく食べる。
〈環境構成〉食事のマナーについて、分かりやすい本を取り入れる。
〈予想される子どもの姿〉食事のマナーを知り、やり取りしながら食べる。
〈保育者の援助〉保育者も一緒に会話を楽しみ、状況に合わせて必要なマナーを知らせる。

職員との連携

●進級に向けての取り組みについて学年間で確認し、共通理解の下、段階を経て進める。

「5領域」の 健康：健康 人間：人間関係 環境：環境 言葉：言葉 表現：表現 を表しています。

👧 前月末の子どもの姿

●身の回りのことを自分でしようとする。また、友達の姿を見て、やろうとする気持ちがもてる。

●友達と一緒の遊びを楽しむようになった。室内では、ごっこ遊びを継続して楽しんでいる。

◆ ねらい

●身の回りのことなど、自分でできた満足感を味わう。

●自分から友達と関わりをもち、楽しく遊ぶ。

📋 月間予定

●節分

●避難訓練

●おもしろホール遊び

●3歳未満児集会

●身体測定

👧 予想される子どもの姿	🍼 保育者の援助
●進級への期待をもつ。	●エアコンの設定温度に気を付け、適宜、換気を行う。 ●思いを受け止め、楽しみを伝え、期待がもてるようにする。
●かくれんぼ、ボール蹴り、なわとび電車、宝探し、椅子取りゲーム、豆まきごっこを楽しむ。 ●生活の流れが分かり、身の回りのことをしようとする。 ●友達との関わりの中で、相手の思いを知る。 ●霜柱を踏んだり、触ったりする。 ●「ハァー」と息を吐く。 ●せりふや動きをまねる（「三匹のこぶた」「大きなカブ」「すうじの歌」）。 ●やりたい思いを伝え、かいたり、切ったり、はったり、折ったりする（クレヨン、はさみ、のり、シール、折り紙）。	●必要に応じてルールを知らせ、体を動かす楽しさ、集団で遊ぶ楽しさが味わえるようにする。 ●自分でしようとする姿を見守り、できたことを大いにほめ、満足感が味わえるようにする。 ●子どもが互いに思いを出し合っているときは共感し、相手の思いを意識できるようにする。 ●子どもの気付きに共感し、興味が広がるように声をかけたり、遊びに誘ったりする。 ●共に遊びながら、イメージしやすい動きや言葉を投げかける。 ●やりたいという思いを受け止め、そばに付いたり、くり返し楽しめるようにしたりする。

Part 3

指導計画

2月 月案

🏠 家庭との連携

●進級に向けての取り組みをお便りなどで知らせ、必要な物（カバン、コップ袋、上履き、教材など）を準備してもらう。

✏️ 評価・反省

●身の回りのことにおいては、次の活動を事前に知らせ、見通しをもって生活できるようにした。自分でしようとする姿を見守り、できたことを大いにほめることで、満足感を味わい、また、進級に向けた言葉が意欲にもつながり、頑張ろうとする姿が見られた。引き続き、関わりを大切にしていきたい。

●遊びの面では、子どもの姿を見守り、必要に応じて遊びに加わるなどして盛り上げた。自分の思いだけで遊ぼうとしてトラブルになることもあるが、子どもの様子を見極め、タイミングよく遊びから抜けたことで、次第に子ども同士で声をかけて遊べるようになった。引き続き、状況に合わせて対応したい。

3月 月案

自信をもって、進級を迎えられるように

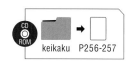

keikaku　P256-257

進級を目の前に、大きくなったことを実感できる季節です。努力している姿を認め、相手の気持ちをくんだ言動はほめていきましょう。このクラスで過ごした一年が楽しかったと感じられるように、歌や体操を振り返ってやってみるのもいいですね。

	★ 内 容	🪑 環境構成
養護 生命の保持・情緒の安定	●春に向かう季節の変化に応じた生活を送り、健康で快適に過ごす。 ●進級に向けての意欲をもつ。	●ロッカーの衣服を確認し、必要に応じて、適する衣服を保護者に知らせる。 ●3歳児保育室で遊んだり、生活したりする機会を設ける。
教育 健康・人間関係・環境・言葉・表現	●生活の見通しをもち、できることは自分でしようとする。[健康] ●友達と積極的に関わりながら、相手にも思いがあることに気付く。[人間] ●散歩に出かけ、春を感じる。[環境] ●絵本や劇遊びの中で、言葉のやり取りを楽しむ。[言葉] ●経験したことや興味のあることを遊びの中に取り入れて楽しむ。[表現]	●次の活動を事前に知らせ、期待や見通しがもてるようにする。 ●遊びなどを通して、友達と関われる場面をつくる。 ●日ざしが暖かい日や春風が感じられる日を逃さず、散歩に出かける時間を取る。 ●イメージしやすい内容の絵本を取り入れる。 ●再現遊びにつながる用具や、面などを準備する。

食育

〈ねらい〉食事のマナーを知り、友達と楽しく食べる。
〈環境構成〉席の場所を替えてみるなどして、いろいろな友達との会話を楽しめるようにする。
〈予想される子どもの姿〉食事のマナーを知り、やり取りしながら食べる。
〈保育者の援助〉楽しく会話しながらも食事が進むように声をかけ、満足してごちそうさまができるようにする。

職員との連携

●現3歳児担任との話し合いの場を設け、4月の様子や生活の流れなどを確認する。
●一人一人の子どもの状況を担任間で共通理解し、新担任へ引き継ぐ。

「5領域」の [健康]：健康 [人間]：人間関係 [環境]：環境 [言葉]：言葉 [表現]：表現 を表しています。

👧 前月末の子どもの姿

●進級に向けた言葉をかけられると、身の回りのことなど、頑張ろうとする姿が見られる。
●自分の思いだけで遊ぼうとすることもあるが、子ども同士でも声をかけ合い遊んでいる。

◆ ねらい

●自分でできる喜びを感じながら、身の回りのことをしようとする。
●自分から友達に関わりをもち、楽しく遊ぶ。

📋 月間予定

●ひな祭り
●避難訓練
●懇談会
●身体測定
●お別れ会

👧 予想される子どもの姿	👕 保育者の援助
●着替えをする。 ●進級への期待をもって過ごす。また、できることは進んでしようとする。	●風通しをよくし、気温や気候、体調に合わせた衣服に着替えられるよう声をかける。 ●進級の話をする中で、子どもの期待に共感し、頑張ろうとする姿を大切に受け止める。
●生活の流れが分かり、身の回りのことをする。 ●友達との関わりの中で、相手の思いに気付く。 ●木の芽やつぼみ、タンポポやチューリップを見付けて喜ぶ。 ●絵本のせりふや動きをまねて遊ぶ（「三匹のこぶた」「大きなカブ」「森のおふろ」「にんじんごぼうだいこん」）。 ●お店屋さんごっこ、病院ごっこをする。	●一人一人のできたことを認めて、大いにほめ、自分でできる喜びや自信がもてるようにする。 ●必要に応じて保育者も遊びに加わりながら、友達の気持ちや関わり方を丁寧に伝える。 ●子どもの気付きに丁寧に応じ、自然の変化に気付けるように声をかける。 ●イメージを共有して楽しめるよう、分かりやすい言葉で投げかけ、遊びをゆっくり展開する。 ●子どもの話をよく聞き、経験したことを再現して楽しめるよう、場面づくりを行う。

家庭との連携

●懇談会を通じて子どもの一年の成長を共に喜び、3歳児の保育者の体制や生活、保育室の使い方を知らせ、安心して進級を迎えられるようにする。

評価・反省

●一人一人に合わせて声かけや援助を行うことで、自分でできることが増え、また、やってみようとする意欲が見られるようになった。進級に向けての話を生活の中で随時取り入れたことが、子どもの期待や意欲につながり、よかったと思う。ねらいの「自分でできる喜び」より、「進級への期待を感じながら」生活に必要な活動を促すほうが、子どもの姿に合っていたと思う。
●友達の気持ちや関わり方を丁寧に伝えた。次第に子ども同士でやり取りしながら遊びを展開するようになり、友達と十分に関わりを楽しみながら遊ぶことができたと思う。

事故防止チェックリスト

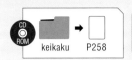
1	子どもの遊んでいる位置を確認している。	☐
2	遊具の安全を確認している。	☐
3	玩具を持ったり、カバンをかけたりしたまま、固定遊具で遊ぶことがないように注意している。	☐
4	すべり台の正しい遊び方を指導し、上でふざけたり、危険な遊びをさせたりしないようにしている。	☐
5	1人乗りブランコは、使用しているときのみ設定し、揺れているブランコには近づかないように注意している。	☐
6	シーソーにのるときは、注意している。	☐
7	砂場では、砂の汚染や量、周りの枠について注意・点検している。	☐
8	砂が目に入らないよう、また人にかからないよう砂の扱い方について知らせている。	☐
9	固定遊具の近くで遊ぶ際、勢いあまって衝突することがないよう注意している。	☐
10	三輪車は転倒しやすいことを知らせ、遊ぶ場所に注意している。	☐
11	子どもが敷居や段差のあるところを歩くときや、外遊びをするときは、つまずかないように注意している。	☐
12	階段を上り下りするときは、子どもの下側を歩くか、手をつないでいる。	☐
13	室内では衝突を起こしやすいので走らないようにし、人数や遊ばせ方を考えている。	☐
14	玩具の取り合いなどの機会をとらえて、安全な遊び方を指導している。	☐
15	午睡中は、ある程度の明るさを確保し、子どもの眠っている様子や表情の変化に注意している。	☐
16	午睡後、十分に覚醒しているか、個々の状態を把握している。	☐
17	子どもの腕を強く引っぱらないように注意している。	☐
18	肘内障を起こしやすい子ども、アレルギーや家庭事情など配慮を要する子どもを全職員が把握している。	☐
19	手にけがをしているなど、手がふさがっているときは、特にバランスが取りにくく、転びやすいので注意している。	☐
20	室内・室外で角や鋭い部分にはガードがしてある。	☐
21	保育者が見守っているときを除き、椅子に立ち上がるなど、椅子を玩具にして遊ぶことはない。	☐
22	ロッカーや棚は倒れないよう転倒防止策を講じている。	☐
23	ドアを開閉するとき、子どもの手や足の位置を確認し、必要によりストッパーを使用している。	☐
24	子どもが引き出しやドアを開け閉めして、遊んでいることがないように注意している。	☐
25	室内は整理整頓を行い、使用したものはすぐに収納場所に片付けている。	☐
26	玩具などをくわえて走り回ることがないようにしている。	☐
27	口の中に入ってしまう小さな玩具を手の届くところに置いていない。	☐
28	食べもののかたさや、大きさ、量などを考えて食べさせている。また、魚には骨があることも伝え、注意している。	☐
29	ビニール袋などは、子どもの手の届かないところにしまってある。	☐
30	子どもが鼻や耳に小さなものを入れて遊んでいないか注意している。	☐
31	先の尖ったものを持たせないようにしている。	☐
32	子どもが直接触れてやけどをするような暖房器具は使用していない。また、子どもが暖房器具のそばに行かないように気をつけている。	☐
33	床が濡れたらすぐにふきとるようにしている。	☐
34	トイレには必ず保育者が付き添っている。	☐
35	バケツや子ども用プールなどに、水をためて放置することはない。	☐
36	水遊びをするときは、必ず保育者が付き添っている。	☐
37	ウサギなどの小動物と遊ぶときは、そばに付いて注意している。	☐
38	子どもの足にあった靴か、体にあったサイズの衣類かを確認している。また、靴を正しくはいているか確認している。	☐
39	散歩のときは人数確認している。また、道路では飛び出しに注意し、指導している。	☐
40	手をつないで走ると転びやすいこと、転んだときに手がつきにくいことを保育者は理解し、指導している。	☐
41	散歩のとき、園が近づくと早く帰園しようとして、走ったり早足になったりと危険であることを、保育者が理解している。	☐
42	年齢にあった公園を選び、遊ばせる際には安全に十分気をつけている。	☐

おたよりも
これで安心！

Part **4**

クラス運営の
ヒント

| テンプ
レート | おたより
イラスト | おたより
文例 | マーク・
メダル | メッセージ
フレーム |

おたより

かわいいイラスト＆
活用しやすい**文例**がたっぷり！
テンプレートも参考にしてね。

テンプレート

● クラスだより／A4サイズ　2-P260

わかばぐみだより

〇年〇月〇日　〇〇〇〇園
8月のクラスだより

連日30度を超す暑さですが、うだっているのは大人ばかり。子どもたちは水遊びに夢中で、暑さなんてなんのその。活動エネルギー全開です。夏ならではの遊びを満喫し、このパワーを秋以降の活動につなげていきたいと思います。また、疲れの出やすい時期なので早寝をし、一日の疲れを次の日に残さないよう、気をつけていきましょう。

8月の予定

〇月〇日（△）ボランティア受け入れ
〇月〇日（△）プール開放
〇月〇日（△）お誕生会
〇月〇日（△）身体測定

8月のねらい
自分のタイミングでトイレに座ってみる

**8月生まれ
お誕生日おめでとう**

☆たちばな　みうちゃん
☆いとう　こうすけくん
☆わたなべ　りょうくん

ミニトマトの収穫をします

子どもたちが育てたミニトマトやナスの実が大きくなりました。収穫する子どもたちにはうれしそうな笑顔があふれています。収穫した野菜は、給食のときにみんなで食べたいと思います。

夏バテ注意！

生活リズムを
整えましょう！

暑くなると、食欲が落ちたり、睡眠不足になったりして夏バテしやすくなります。生活のリズムを整えて暑さを乗り切りましょう。

POINT

細長いイラスト罫を上下に配置すると、タイトル枠に。かわいらしく目を引いて、効果的です。

POINT

シンプルな枠のなかに小さなイラストをレイアウトするのも、メリハリがついておすすめです。

260

毎月のクラスだよりや行事のおしらせなど、保育者にとっておたより作りは欠かせない仕事のひとつです。テンプレートを参考に、保護者に情報が伝わるおたよりを作りましょう。

CD ROM　otayori　P260-261

● 行事のおしらせ／A5サイズ　2-P261-01

〇年〇月〇日　〇〇〇〇園

おいもほり のお知らせ

　柿、栗、おいも……、秋の実りはおいしいものがいっぱい。今年もおいもほりへ行きます。子どもたちは、指折り数えて「いもほり遠足」の日を待っています。
今年の夏から秋は天候に恵まれた、という農園の方のお話もあります。大きなおいもを収穫できるか…ワクワクドキドキです。子どもたちと実りの秋の楽しい一日を過ごしたいと思います。

◆日時
〇月〇日（△）〇時〜〇時
◆場所
〇〇〇〇農園（バスで行きます）
◆当日の持ち物
軍手、長靴、大きめのビニール袋
1枚、汗拭きタオル

POINT

日時や持ち物など、特に大切なことは文字を大きくしたり、太字にしたりして目立たせましょう。

● 持ち帰りのお願い／A5サイズ　2-P 261-02

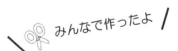
みんなで作ったよ

〇年〇月〇日　〇〇〇〇園

節分の鬼のお面を持ち帰ります

POINT

持ち帰りの予告をしつつ、活動内容を詳しく伝えられるミニおたよりは、保護者にも喜ばれます。

豆まきをしたよ！

　今年も節分の行事として豆まきをしました。大きな声で豆まきの練習をし、準備は十分だった子どもたちですが、当日鬼が本当にやってくると……。つい涙が出ちゃいました。

　鬼のお面作りをしました。切った折り紙や色画用紙をペタペタ貼ったり、クレヨンでぐるぐる描いたりと、思い思いにオリジナルのお面を作りました。できあがったお面を見て、「先生見て見てー！」「かっこいいでしょ？」と、どの子もとても嬉しそうでした。ぜひご家庭でも子どもたちが作ったお面で豆まきを楽しんでみてくださいね。

こぐまぐみ通信

○年○月○日　○○○○園　5月のクラスだより

POINT

イラストに文字を重ねることで、つけたいタイトルに変更できるのでぜひチャレンジしてみましょう。

　5月の日差しを受けて新緑が輝いています。園庭を走り回る子どもたちは、よく笑い、よく動き、元気いっぱいです。入園、進級して1か月たちましたが、お友だちの様子が気になり始めた子どもたち。そばに行って、同じおもちゃを使いたがるなど、関わりが日に日に広がっています。

POINT

項目を分けたいときは、イラスト罫を使用することで、保護者も読みやすくなります。

5月の予定

○月○日（△）春の遠足
○月○日（△）お誕生会
○月○日（△）健康診断
○月○日（△）ハーモニカ交流

5月の歌

♪こいのぼり
♪しゃぼんだま
♪いぬのおまわりさん
♪おつかいありさん

5月のねらい

上着と帽子をロッカーにしまう

＊ B4サイズの大きなおたよりは読みやすい配置を心がけ、詰め込みすぎないように構成しましょう。

お弁当のご用意をお願いします

　〇月〇日（△）は、〇〇〇公園まで遠足に行きます。当日、給食はありませんので、お弁当のご用意をお願いします。詳細は別紙のプリントをご確認ください。

POINT

内容と関連したイラストを配置し、にぎやかに。イラストは大小のメリハリをつけるのがポイント。

手洗いできるよ！

　進級し、水道を使用して手洗いをしています。「あ！　泥が沢山ついているね」と、友だちといっしょに確認しながら、小さな手をゴシゴシさせてきれいにしています。手のひらがきれいになると満足げに見せてくれますが、手の甲も忘れずに洗えるように声をかけています。保育者はそっと手を添えて寄り添うだけにし、達成感を味わえるようにしています。

新しいお友だちが仲間入り！

たなか　れんくん

POINT

大・小のコーナーを自由に組み合わせ、レイアウトを少し工夫するだけで、楽しい紙面に！

5月生まれのお友だち
お誕生日おめでとう

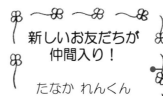

なかむら　あおくん
おくだ　みさきちゃん

お願い

＊衣服や持ち物に記名のないものがあります。記名を忘れずお願いします。

＊徐々に暖かくなってきましたので、調節しやすい薄手の着替えの準備をお願いします。

POINT

イラストを使わないコーナーがあることで、締まった印象に。お願いごとはシンプルなデザインで最後にもってくるのがベスト。

Part 4 クラス運営のヒント

おたより

CD ROM　otayori → P264

えんだより

2-P264-04

2-P264-01

2-P264-02

2-P264-03

2-P264-05

2-P264-06

2-P264-07

2-P264-08

2-P264-11

2-P264-09

2-P264-10

4月の予定

2-P264-12

入園式

2-P264-13

2-P264-14

2-P264-15

文例

2-P264-16　入園待ってます

桜のつぼみがふくらみ、新しく入園してくるお友だちを待っているかのようです。わたしたち職員も大きい組のお友だちも、園のウサギもカメも、みんなが「早くいっしょに遊ぼうよ」「楽しい行事やイベントがたくさんあるよ」と、ワクワクしながら入園児を待っています。当日、お子さんは制服を着てお越しください。お会いできるのを楽しみにしています。

2-P264-17　歓迎会をしました

新入園児歓迎会では、いっしょに歌ったり、年長さんの合奏を聞いたりして、みんなの気持ちが、春風のように温かくなりました。

2-P264-18　優しい気持ちが芽生えて

お友だちが泣いていると、そばに行って「いい子いい子」と頭をなでる子どもたち。優しい気持ちが育ってきているようです。

2-P264-19　懇談会のおしらせ

園でのお子さんの成長の様子や日ごろの子育ての気がかりなど、保護者の皆様とゆっくりと話し合う懇談会を開きます。

2-P264-20　朝の検温

子どもたちの健康状態を把握するために、朝の検温は欠かせません。連絡帳への体温記入を忘れずにお願いします。

5月

CD-ROM otayori → P265

2-P265-04

えんだより

2-P265-01

2-P265-02

2-P265-03

2-P265-05

2-P265-06

2-P265-07

2-P265-08

2-P265-10

2-P265-11

2-P265-09

2-P265-12

2-P265-13

2-P265-14

2-P265-15

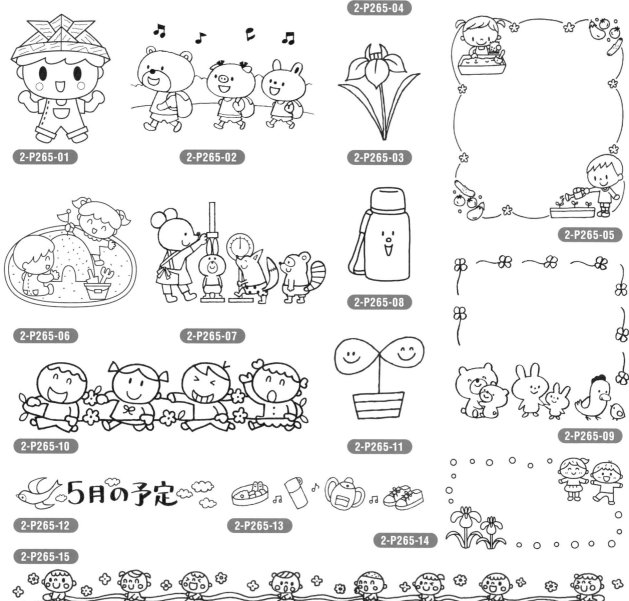

+++ **文 例** +++

2-P265-16 手洗い大好き

進級し、水道を使用して手洗いをしています。「あ！ 泥が沢山ついているね」と、友だちといっしょに確認しながら、小さな手をゴシゴシさせてきれいにしています。手のひらがきれいになると満足げに見せてくれますが、手の甲も忘れずに洗えるように声をかけています。保育者はそっと手を添えて寄り添うだけにし、達成感を味わえるようにしています。

2-P265-17 新緑の季節

5月の日差しを受けて新緑が輝いています。園庭を走り回る子どもたちは、よく笑い、よく動き、元気いっぱいです。

2-P265-18 遊びに参加しています

園庭のケヤキの木も、新緑の葉を広げて、元気な子どもたちを見ています。みんな積極的に遊びに参加するようになりました。

2-P265-19 友だちとの関わり

友だちの様子が気になり始めた子どもたち。そばに行って、同じおもちゃを使いたがるなど、関わりが広がっています。

2-P265-20 すべり台に夢中！

人気の遊具はすべり台。スピード感いっぱいの楽しさに、子どもたちは長い行列ができても仲よく順番待ちをしています。

Part 4 クラス運営の ヒント

おたより

CD ROM otayori → P266

2-P266-04

2-P266-01

2-P266-02

2-P266-03

6月生まれのお友だち

2-P266-05

2-P266-06

2-P266-07

2-P266-08

2-P266-09

2-P266-10

2-P266-11

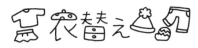 6月の予定

2-P266-12

衣替え

2-P266-13

2-P266-14

2-P266-15

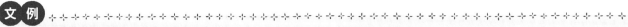

文例

2-P266-16 保育参観のおしらせ

保育参観では、「普段、園ではどんな遊びをしているのかしら」「いつもはどんなふうにお友だちと過ごしているの」「給食での様子を知りたい」など、園での子どもたちの様子を知っていただくきっかけになればと思っています。参観後は最近の子どもたちの様子や今学期の予定、園生活で大切にしていきたいことなどもお伝えします。ぜひご参加ください。

2-P266-17 アジサイ

雨上がりにはアジサイが色鮮やかに輝いて見えます。葉の陰に隠れていたカタツムリを見つけた子どもたちは大歓声をあげました。

2-P266-18 クレヨンで虹を

雨上がりの空に色鮮やかな虹がかかりました。子どもたちの前に画用紙を広げると、クレヨンで思い思いの虹を描きました。

2-P266-19 給食参観へのお誘い

給食が大好きな子どもたち。おかわりには長い列ができます。給食参観をしますので、食欲旺盛な様子をどうぞご覧ください。

2-P266-20 親子で歯磨きを

親子で楽しく、シュッシュッ！ 歯磨きを親子のふれあいの時間にすると、子どもはきっと歯磨きが好きになります。

CD
ROM　otayori → P267

2-P267-04

2-P267-01　2-P267-02　2-P267-03

2-P267-05

2-P267-06　2-P267-07　2-P267-08

2-P267-09

2-P267-10　2-P267-11

☆◇☆7月の予定☆★　2-P267-13

2-P267-12

2-P267-14

2-P267-15

Part 4 クラス運営の ヒント

おたより

✦✧✦ **文例** ✦✧✦

2-P267-16　夏の成長

冷たい水の感触が心地よい季節になりました。園ではプール遊びが子どもたちに大人気で、夏空のもと、毎日歓声が響いています。プールを機会に、おむつがはずれるお友だちもたくさんいます。また、水着を自分で着たり、バスタオルで自分の体を拭いたり、と、自分でやってみようという気持ちも芽生えています。夏が子どもの成長を後押ししてくれるのですね。

2-P267-17　七夕の笹飾り

ホールに飾られた笹竹に毎日飾りが増えていきます。今日は2歳児さんも張り切ってお手伝い。長い輪つなぎを飾りつけました。

2-P267-18　入道雲

青空に真っ白な入道雲がもくもくと広がって、「ソフトクリームみたい!」と子どもたちの声が響きます。暑い夏がやってきました。

2-P267-19　冷たいおやつ

「今日のおやつは果物ゼリー」の声に子どもたちは大喜び。冷たいおやつに、「もっと食べたーい」とのリクエスト殺到です。

2-P267-20　水に慣れました

水に慣れてきた子どもたちは、プールの水が顔にかかってもへっちゃら!　おもちゃをプールに浮かべて歓声をあげています。

CD ROM otayori → P268

えんだより

2-P268-04

2-P268-01

2-P268-02

2-P268-03

2-P268-05

2-P268-06

2-P268-07

2-P268-08

祭

2-P268-10

2-P268-11

2-P268-09

8月の予定

2-P268-12

2-P268-13

2-P268-14

2-P268-15

文例

2-P268-16　暑さに負けていません

連日30度を超す暑さですが、うだっているのは大人ばかり。子どもたちは水遊びに夢中で、暑さなんてなんのその。活動エネルギー全開です。夏ならではの遊びを満喫し、このパワーを秋以降の活動につなげていきたいと思います。また、疲れの出やすい時期なので早寝をし、一日の疲れを次の日に残さないよう、気をつけていきましょう。

2-P268-17　夏バテしない生活リズムを

暑くなると、食欲が落ちたり、睡眠不足になったりして夏バテしやすくなります。生活のリズムを整えて暑さを乗り切りましょう。

2-P268-18　ヒマワリが咲きました

小さな種からびっくりするほど大きなヒマワリの花が咲きました。「お顔よりも大きいね!」とみんなで大きさ比べをしています。

2-P268-19　夏野菜の収穫

子どもたちが育てたミニトマトやナスの実が大きくなりました。収穫する子どもたちにはうれしそうな笑顔があふれています。

2-P268-20　水まきをしました

カンカン照りが続き、園庭はカラカラに乾いています。子どもたちと水まきをすると、暑さが収まり打ち水効果を実感しました。

9月

CD ROM otayori → P269

えんだより

2-P269-04

2-P269-01

2-P269-02

2-P269-03

9月生まれのお友だち

2-P269-05

2-P269-06

2-P269-07

2-P269-08

2-P269-09

2-P269-10

2-P269-11

9月の歌

9月の予定

防災の日

2-P269-12

2-P269-13

2-P269-14

2-P269-15

Part 4 クラス運営のヒント

おたより

文例

2-P269-16 規則正しい生活を

最近子どもたちが朝からあくびをしている姿を目にします。眠そうにして、なんとなく元気がなく、畳コーナーでゴロゴロして過ごすなど疲れている様子も見られます。成長期の子どもたちには、睡眠時間を確保し、栄養を十分にとり生活リズムを整えることが大切です。規則正しい毎日の積み重ねが、子どもたちの健やかな成長につながります。ご家庭でも規則正しい生活を心がけましょう。

2-P269-17 おむつがとれた子も!

夏の間におむつがとれた子が続出! パンツになって自信がついたのか、少しだけお兄ちゃん・お姉ちゃん気分の子どもたちです。

2-P269-18 けんかも学びに

お友だちと仲よくなるにつれ、けんかも多くなってきました。ぶつかり合いながら、ゆずり合いや、思いやりの気持ちが育ちます。

2-P269-19 楽器大好き

リンリン、シャララン……、子どもたちは最近、鈴や太鼓、カスタネットを手にして遊ぶのが大好きです。

2-P269-20 疲れにサイン

子どもの食欲が落ちて、寝転がることが多くなってきたら、それは疲れのサイン。しっかり休養をとるように心がけましょう。

CD ROM　otayori → P270

2-P270-04

2-P270-01

2-P270-02

2-P270-03

いもほり

2-P270-05

2-P270-06

2-P270-07

2-P270-08

2-P270-09

2-P270-10

2-P270-11

10月の予定

2-P270-12

おいもほり

2-P270-13

2-P270-14

2-P270-15

+‑+‑+ 文 例 +‑+

2-P270-16　いもほりの報告

先日のいもほり遠足は、ぬけるような青空。今年の夏から秋は天候に恵まれた、という農園の方のお話どおり、おいもはとても立派に育っていました。おいもの大きさに、「お父さんおいもだ!」「かいじゅうイモゴンだ!」と、子どもたちは大喜び。畑に響きわたる歓声に、農園の方々もわたしたちもニッコリ。実りの秋の楽しい一日でした。

2-P270-17　実りの秋

柿、栗、おいも……、秋の実りはおいしいものがいっぱい。子どもたちは、指折り数えて「いもほり遠足」の日を待っています。

2-P270-18　秋の宝物

お散歩の帰り道、子どもたちの手には、色づいた葉っぱや、どんぐりなど、秋の宝物がいっぱい。見せ合いっこを楽しんでいます。

2-P270-19　カマキリ

「カマキリ発見!」と子どもたちが大騒ぎ。その声でカマキリが急に飛んだので、「カマキリって飛ぶんだねー」とまたびっくり。

2-P270-20　親子遠足のおしらせ

野山が色づき始めました。○日は○○公園への親子遠足です。家族といっしょの遠足を、子どもたちは心待ちにしています。

otayori → P271

えんたより

2-P271-04

2-P271-01

2-P271-02

2-P271-03

七五三
2-P271-05

2-P271-06

2-P271-07

2-P271-08

2-P271-09

11月の予定
2-P271-12

2-P271-10

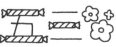
2-P271-11

2-P271-14

2-P271-13

2-P271-15

文例

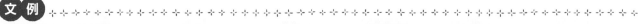

2-P271-16　運動会を終えて

夏には緑の木陰をつくってくれていた桜の木の葉も、真っ赤に染まり始めました。運動会という大きな行事を経験した子どもたちには、たくましさが感じられるようになりました。運動会で披露した○○のダンスが、子どもたちの遊びの中でさらに発展しました。運動会でおしまいではなく、運動会で得た自信、ダンス遊びの楽しさを、今後の保育でもさらに広げていきたいと思います。

2-P271-17　紅葉

朝晩の温度差が大きくなって、木々が色づき始めました。色とりどりの落ち葉は子どもたちの創作意欲を刺激しているようです。

2-P271-18　どんぐりと松ぼっくり

お散歩で見つけたどんぐりや松ぼっくりは、子どもたちのおもちゃに変身！　遊び方がバラエティー豊かに広がっています。

2-P271-19　じぶんで!

子どもたちは保育者が手伝おうとすると「じぶんで!」と、はっきり意思表示をするように。自我が芽生え、意欲も育っています。

2-P271-20　千歳飴袋作り

子どもたちの健やかな成長を願って、七五三の千歳飴袋を作りました。子どもたちの今を残そうと、それぞれの手形つきです。

クリスマス会のお知らせ

2-P272-04

2-P272-01

2-P272-02

2-P272-03

2-P272-05

2-P272-06

2-P272-07

2-P272-08

2-P272-09

2-P272-10

2-P272-11

12月の予定 クリスマス会

2-P272-12

2-P272-13

2-P272-14

2-P272-15

文例

2-P272-16 一年を振り返って

足早に過ぎたと感じられる一年も、振り返ってみると、その節目ごとに子どもたちの成長が見えてきます。はいはいしていた赤ちゃんたちも、立派に立ち上がって歩いています。○○組の子どもたちも、すっかりお兄さん・お姉さんらしくなりました。来年はもう幼児クラス。子どもたちがさらに成長する、新しい一年が楽しみですね。

2-P272-17 大掃除

今年のカレンダーも最後の一枚になってしまいました。園でも大掃除をして今年の汚れを落とし、新年を迎える準備をします。

2-P272-18 おしゃべりが上手に

「あのね……」とおしゃべり上手になった子どもたち。話したいこと、伝えたい相手がいることで、自分の思いが広がります。

2-P272-19 手作りオーナメント

クリスマスツリーに、子どもたち手作りのオーナメントを飾りつけました。最後にキラキラモールを飾ると輝くツリーが完成!

2-P272-20 発表会のお礼

発表会には多くの方にお越しいただきありがとうございました。大きな拍手で応援していただき、大きな自信がついたようです。

CD ROM　otayori → P273

えんだより

2-P273-04

2-P273-01

2-P273-02

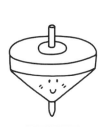

2-P273-03

1月生まれのおだち

2-P273-05

2-P273-06

2-P273-07

2-P273-08

2-P273-09

2-P273-10

2-P273-11

1月の予定

2-P273-12

2-P273-13

えんだより

2-P273-14

2-P273-15

- - - - 文 例 - - - -

2-P273-16　手洗い・うがい

かぜやインフルエンザが流行する季節です。予防の第一は、とにかく、手洗い・うがいです。外から戻ったら必ず手洗い・うがいをするよう、園でも繰り返し伝えていますが、ご家庭でもぜひ習慣づけるようにしてください。ちょっと手をぬらして、「はい、おしまい」ではなく、石けんで指のすみずみまでていねいに洗えるよう促してください。

2-P273-17　新年のスタート

「一年の計は元旦にあり」。健康に気をつけ、みんなの笑顔があふれる一年にしたいものです。

2-P273-18　朝の歌

子どもたちは前奏からリズムをとりながら元気に朝の歌を歌っています。歌い終わりには、自分たちでパチパチと笑顔で拍手。

2-P273-19　ガラガラうがい練習中

石けんを使った手洗いができるようになってきました。ガラガラうがいはただ今、練習中。友だちといっしょにガラガラガラ。

2-P273-20　偏食への対応

偏食がある場合、無理強いするのは禁物です。食事が楽しくなるように声をかけ、一口でも食べたときはほめて次へつなげます。

CD ROM otayori → P274

えんだより

2-P274-04

2-P274-01

2-P274-02

2-P274-03

2-P274-05

2-P274-06

2-P274-07

2-P274-08

2-P274-09

2-P274-10

2-P274-11

2-P274-12　2月の予定

2-P274-13

2-P274-14

2-P274-15

文例

2-P274-16　もうすぐ節分

もうすぐ節分です。「みんなの心のなかにも鬼がいるんだよ」と言ったら、「えー!」と、子どもたちは大騒ぎ。弱虫鬼、泣き虫鬼、わがまま鬼……と探したら、鬼がいっぱい!　豆まき大会で元気に豆をまいて、自分の心のなかの鬼を追い出そうねと、みんなで約束しました。大会当日は、本物の鬼 (!?) も登場する予定です。ご家庭でもぜひ感想を聞いてみてくださいね。

2-P274-17　鬼が逃げ出す!?

「福は内〜、鬼は外〜」。子どもたちが元気なかけ声で豆をまくと、泣き虫鬼や、怒りんぼ鬼は一目散に逃げ出してしまいそうです。

2-P274-18　豆まきしました

大きな声で豆まきの練習をし、準備は十分だった子どもたちですが、鬼が本当にやってくると……。つい涙が出ちゃいました。

2-P274-19　クッキング

子どもたちは初めてのサンドイッチ作りに挑戦しました。エプロンをかけて腕まくり。しっかり手を洗うところから目は真剣です。

2-P274-20　北風もへっちゃら

北風が吹く寒い日も、子どもたちは「外で遊びたい!」と元気いっぱい。みんなで園庭を走り回り、体がポカポカになりました。

2-P275-04

2-P275-01

2-P275-02

2-P275-03

ひな祭り

2-P275-05

2-P275-06

おめでとう！

2-P275-07

2-P275-08

2-P275-10

2-P275-11

2-P275-09

3月の予定

2-P275-12

2-P275-13

2-P275-14

2-P275-15

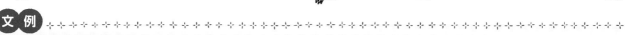

文 例

2-P275-16　成長の証

元気いっぱいの子どもたちも、4月からは○○組に進級します。おもちゃの貸し借りなどのルールも、少しずつ身について、友だちといっしょに楽しく遊ぶ人間関係も育ってきました。感じたことや考えたことを表現する言葉の力が伸びているのは、成長の証です。次の一年が、さらにパワーアップした日々になるよう、願っています。

2-P275-17　新しいクラスへ

新しいクラスの見学に行きました。さっそく目新しいおもちゃを発見！お兄さん・お姉さんに遊んでもらって大満足でした。

2-P275-18　元気に明るい笑顔

この一年間、欠席も少なくなりしっかり体力がついてきた子どもたち。あいさつや着脱などの生活習慣も身につきました。

2-P275-19　もうすぐ3歳児

春からは3歳児クラスに進級する子どもたち。話し方も、表情も、体の動きも、ちょっぴりお兄さん・お姉さんらしくなりました。

2-P275-20　成長が楽しみ

遠足、運動会、発表会など、一年間たくさんの思い出とともに、体験を積み重ねた子どもたち。これからの成長が楽しみです。

275

マーク・メダル

CD ROM otayori → P276

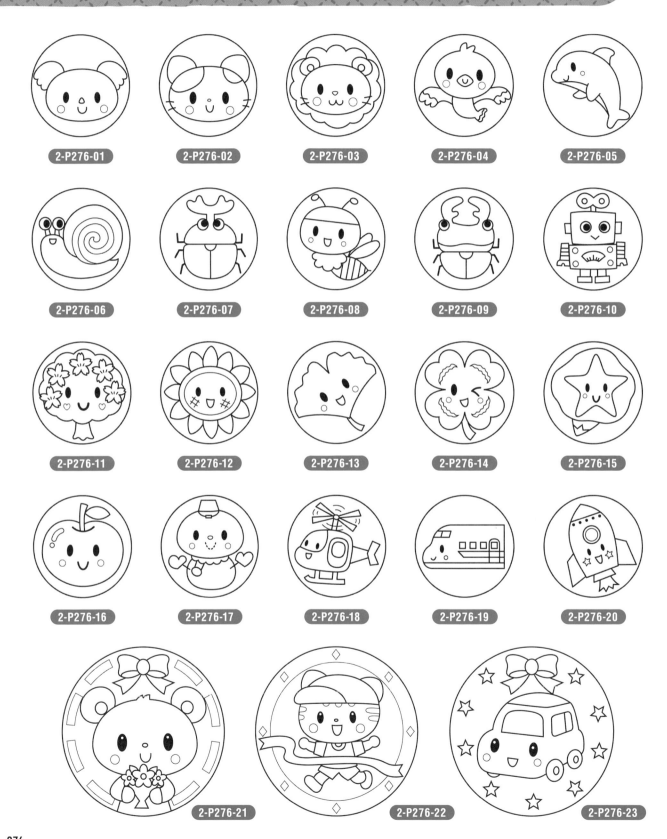

2-P276-01

2-P276-02

2-P276-03

2-P276-04

2-P276-05

2-P276-06

2-P276-07

2-P276-08

2-P276-09

2-P276-10

2-P276-11

2-P276-12

2-P276-13

2-P276-14

2-P276-15

2-P276-16

2-P276-17

2-P276-18

2-P276-19

2-P276-20

2-P276-21

2-P276-22

2-P276-23

メッセージフレーム

CD ROM　otayori → P277

しょちゅうおみまい
もうしあげます

2-P277-01

2-P277-02

2-P277-03

2-P277-04

2-P277-05

2-P277-06

Part 4　クラス運営の
ヒント

おたより

44ページからの製作あそび、52ページからの壁面かざり、Part1「クラスづくり」の各月で紹介しているシアターで使用する製作物の型紙です。必要な大きさにコピーをして、ご活用ください。「seisaku00-00」は、CD-ROMに収録しているPDFのファイル名・フォルダ名です。

P.44　紙テープのタンポポ

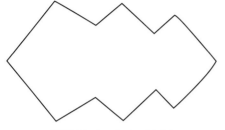

葉（名札）➡ seisaku44-01

P.44　たんぽで作るナノハナ

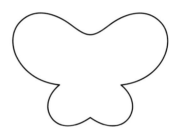

チョウチョウ（名札）➡ seisaku44-02

P.46　アジサイの掛けかざり

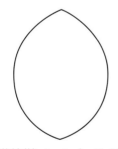

葉（名札）➡ seisaku46-01

P.46　クレヨンで描く花火

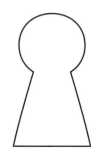

人（名札）➡ seisaku46-02

P.47　染め紙の織姫＆彦星

織姫の髪飾り➡
seisaku47-01

彦星の髪かざり➡
seisaku47-01

P.47　キラキラ折り紙の星かざり

星（名札）➡ seisaku47-02

P.49　ひも通しのブーツ

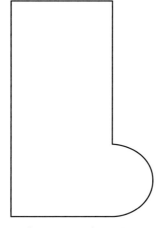

※ ブーツは、他のパーツの
　350%に拡大すると
　バランスがとれます。

ブーツ ➡ seisaku49-01

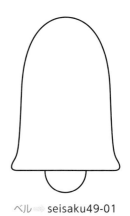

ベル ➡ seisaku49-01

P.49　カラフルてぶくろ

てぶくろ ➡ seisaku49-02

P.50　封筒で作るおにのお面

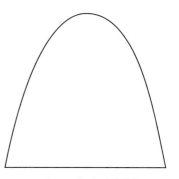

つの ➡ seisaku50-01

P.51　紙皿のおひなさま

烏帽子 ➡
seisaku51-01

冠 ➡
seisaku51-01

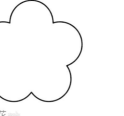

花 ➡
seisaku51-01

P.51　毛糸ぐるぐるおひなさま

烏帽子 ➡
seisaku51-02

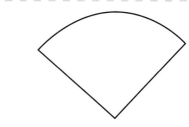

冠 ➡
seisaku51-02

扇 ➡
seisaku51-02

※ 扇は、他のパーツの
　300%に拡大すると
　バランスがとれます。

P.52 園へようこそ!

にゅうえんおめでとう

文字➡ hekimen52-03

桜の木➡
hekimen52-01
※ 桜の木は、他のパーツの
125%に拡大すると
バランスがとれます。

園舎➡
hekimen52-02

園舎の花➡
hekimen52-04

花びら➡
hekimen52-04

ウサギ➡
hekimen52-05

ネズミ➡
hekimen52-06

リス➡
hekimen52-07

ネコ➡ hekimen52-08

クマ➡ hekimen52-09

丘➡
hekimen52-10
※ 丘は、他のパーツの
300%に拡大すると
バランスがとれます。

草➡
hekimen52-04

チューリップ➡
hekimen52-04

P.52 お弁当おいしいね

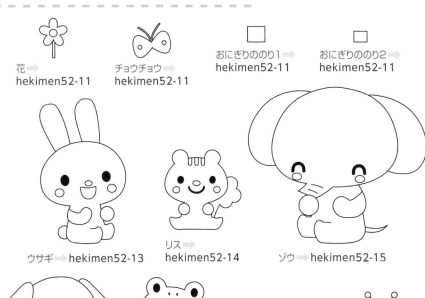

花➡
hekimen52-11

チョウチョウ➡
hekimen52-11

おにぎりののり1➡
hekimen52-11

おにぎりののり2➡
hekimen52-11

おにぎりの葉➡
hekimen52-11

リンゴの葉➡
hekimen52-12

イチゴのへた➡
hekimen52-12

お茶➡
hekimen52-12

葉1➡
hekimen52-16

葉2➡
hekimen52-17

葉3➡
hekimen52-17

ウサギ➡ hekimen52-13

リス➡
hekimen52-14

ゾウ➡ hekimen52-15

皿➡
hekimen52-22

ピクニックシート➡
hekimen52-21

イヌ➡ hekimen52-18

カエル➡
hekimen52-19

テントウムシ➡
hekimen52-20

イモムシ➡
hekimen52-20

※ 葉1〜3、皿、ピクニックシートは、
他のパーツの400%に拡大すると
バランスがとれます。

P.53 イチゴがとれたよ

リス ➡ hekimen53-04

クマ ➡ hekimen53-01

ウサギ ➡
hekimen53-02

イチゴ ➡
hekimen53-03

ネズミ ➡
hekimen53-07

イチゴ（作品用）➡
hekimen53-05

かご ➡
hekimen53-06

イチゴ畑1 ➡ hekimen53-09

イチゴ畑2 ➡ hekimen53-09

※ イチゴ畑1、2は、他のパーツの300％に
　拡大するとバランスがとれます。

花 ➡
hekimen53-03

葉 ➡
hekimen53-03

ハチ1 ➡
hekimen53-08

ハチ2 ➡
hekimen53-08

P.53 クッキーどうぞ

子ども1 ➡ hekimen53-10

子ども2 ➡ hekimen53-11

※ 皿は、他のパーツの
　300％に拡大すると
　バランスがとれます。

皿 ➡ hekimen53-12

P.54 雨上がりの虹

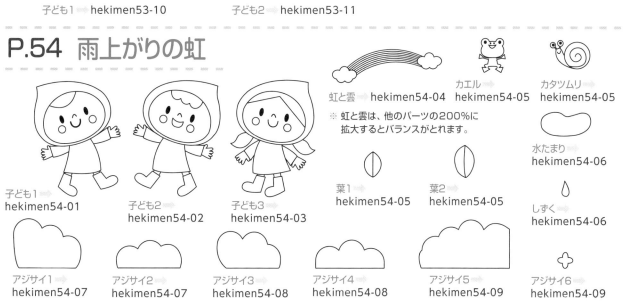

虹と雲 ➡ hekimen54-04

カエル ➡
hekimen54-05

カタツムリ ➡
hekimen54-05

※ 虹と雲は、他のパーツの200％に
　拡大するとバランスがとれます。

水たまり ➡
hekimen54-06

しずく ➡
hekimen54-06

子ども1 ➡
hekimen54-01

子ども2 ➡
hekimen54-02

子ども3 ➡
hekimen54-03

葉1 ➡
hekimen54-05

葉2 ➡
hekimen54-05

アジサイ1 ➡
hekimen54-07

アジサイ2 ➡
hekimen54-07

アジサイ3 ➡
hekimen54-08

アジサイ4 ➡
hekimen54-08

アジサイ5 ➡
hekimen54-09

アジサイ6 ➡
hekimen54-09

P.54 満開のヒマワリ畑

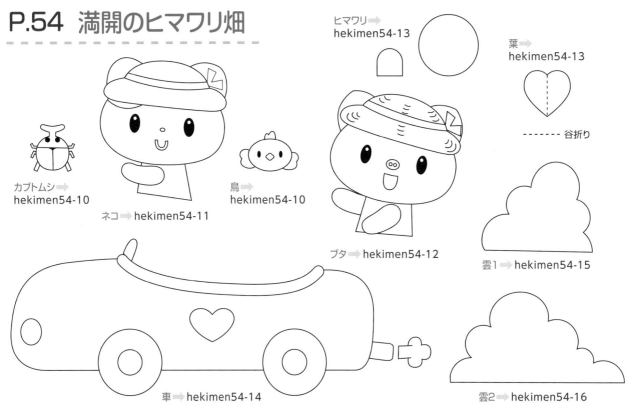

カブトムシ➡
hekimen54-10

ネコ➡ hekimen54-11

鳥➡
hekimen54-10

ブタ➡ hekimen54-12

ヒマワリ➡
hekimen54-13

葉➡
hekimen54-13

------ 谷折り

雲1 ➡ hekimen54-15

車➡ hekimen54-14

雲2 ➡ hekimen54-16

P.55 長靴でかくれんぼ

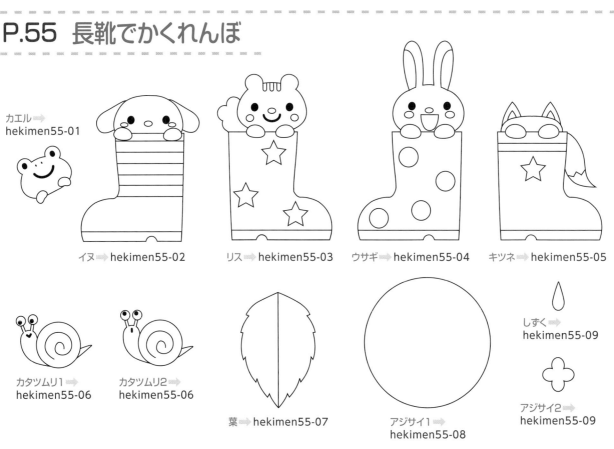

カエル➡
hekimen55-01

イヌ ➡ hekimen55-02

リス ➡ hekimen55-03

ウサギ ➡ hekimen55-04

キツネ ➡ hekimen55-05

カタツムリ1 ➡
hekimen55-06

カタツムリ2 ➡
hekimen55-06

葉➡ hekimen55-07

アジサイ1 ➡
hekimen55-08

しずく ➡
hekimen55-09

アジサイ2 ➡
hekimen55-09

P.55 七夕の願いごと

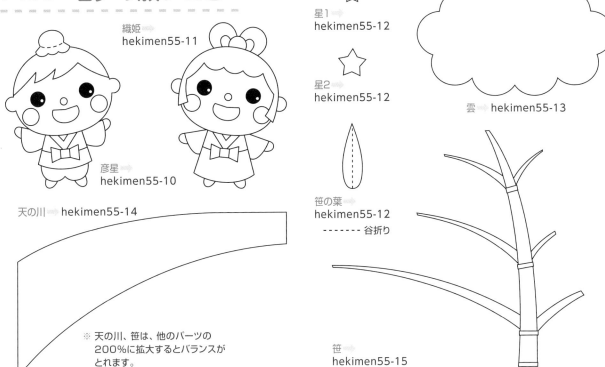

織姫→
hekimen55-11

彦星→
hekimen55-10

星1→
hekimen55-12

星2→
hekimen55-12

雲→ hekimen55-13

天の川→ hekimen55-14

笹の葉→
hekimen55-12

- - - - - - - 谷折り

※ 天の川、笹は、他のパーツの
　200%に拡大するとバランスが
　とれます。

笹→
hekimen55-15

P.56 お月様こんばんは

星→
hekimen56-01

雲→ hekimen56-02

ウサギ1→
hekimen56-03

ウサギ2→
hekimen56-03

三方→
hekimen56-01

ススキ→
hekimen56-05

草→
hekimen56-01

子ども1→ hekimen56-04

子ども2→ hekimen56-06

P.56 元気いっぱい運動会

旗1 ➡
hekimen56-07

旗2 ➡
hekimen56-07

旗3 ➡
hekimen56-07

旗4 ➡
hekimen56-08

旗5 ➡
hekimen56-08

旗6 ➡
hekimen56-08

旗7 ➡
hekimen56-09

旗8 ➡
hekimen56-09

旗9 ➡
hekimen56-09

旗10 ➡
hekimen56-10

旗11 ➡
hekimen56-10

旗12 ➡
hekimen56-10

旗13 ➡
hekimen56-11

旗14 ➡
hekimen56-11

汗 ➡
hekimen56-12

ゾウ ➡
hekimen56-17

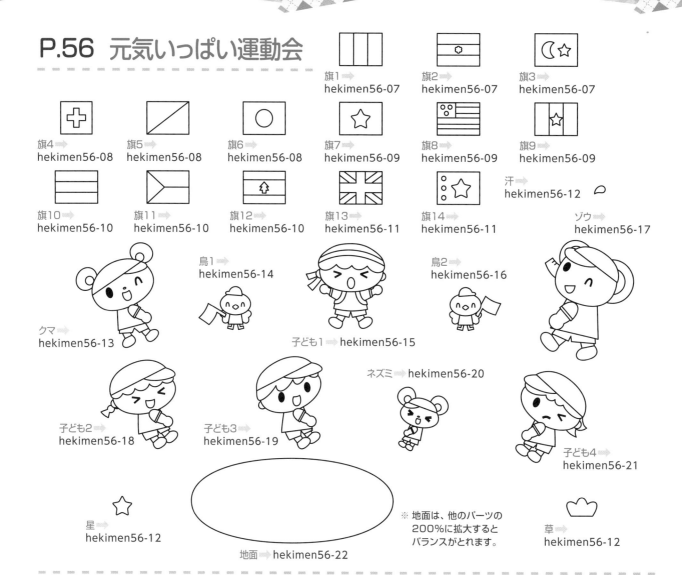

鳥1 ➡
hekimen56-14

鳥2 ➡
hekimen56-16

クマ ➡
hekimen56-13

子ども1 ➡ hekimen56-15

ネズミ ➡ hekimen56-20

子ども2 ➡
hekimen56-18

子ども3 ➡
hekimen56-19

子ども4 ➡
hekimen56-21

星 ➡
hekimen56-12

※ 地面は、他のパーツの
200%に拡大すると
バランスがとれます。

草 ➡
hekimen56-12

地面 ➡ hekimen56-22

P.57 ピンクのコスモス畑

ヒツジ ➡ hekimen57-01

ネズミ ➡ hekimen57-02

ネコ ➡ hekimen57-03

トンボ ➡
hekimen57-04

雲 ➡ hekimen57-05

風 ➡
hekimen57-04

P.57 秋の実り

タヌキ ➡ hekimen57-06

キツネ ➡ hekimen57-07

リス ➡ hekimen57-10

荷車 ➡ hekimen57-10

小鳥 ➡ hekimen57-11

葉1 ➡ hekimen57-08

葉2 ➡ hekimen57-08

リンゴ ➡ hekimen57-08

ブドウ ➡ hekimen57-08

ドングリ ➡ hekimen57-09

ナシ ➡ hekimen57-09

カキ ➡ hekimen57-09

※ 木は、他のパーツの200%に拡大するとバランスがとれます。

木 ➡ hekimen57-12

地面1 ➡ hekimen57-13

地面2 ➡ hekimen57-13

※ 地面1、2は、他のパーツの200%に拡大するとバランスがとれます。

P.58 ♪ゆきのぺんきやさん

ゆきのペンキやさん2 ➡ hekimen58-02

ゆきのペンキやさん1 ➡ hekimen58-01

ゆきのペンキやさん3 ➡ hekimen58-03

ゆきのペンキやさん4 ➡ hekimen58-04

木1 ➡ hekimen58-05

木2 ➡ hekimen58-05

木3 ➡ hekimen58-05

園舎 ➡ hekimen58-06

雪1 ➡ hekimen58-05

雪2 ➡ hekimen58-05

P.58 豆まきでおに退治!

おに ➡ hekimen58-07

イヌ ➡ hekimen58-08

豆 ➡ hekimen58-09

汗 ➡ hekimen58-09

ネズミ ➡ hekimen58-10

ウサギ ➡ hekimen58-11

P.59 サンタがやってきた!

星1 ➡
hekimen59-01

星2 ➡
hekimen59-01

家 ➡
hekimen59-01

ツリー(作品用) ➡
hekimen59-01

------- 谷折り

サンタクロースとトナカイ ➡ hekimen59-02

P.59 ペンギンたちの世界

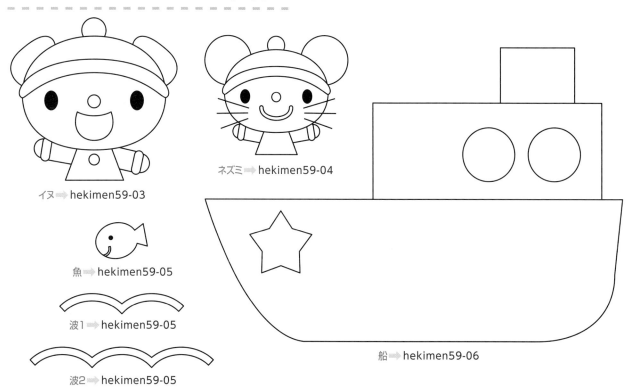

イヌ ➡ hekimen59-03

ネズミ ➡ hekimen59-04

魚 ➡ hekimen59-05

波1 ➡ hekimen59-05

波2 ➡ hekimen59-05

船 ➡ hekimen59-06

P.78 ひらひらチョウチョウ

※ 用途にあわせて必要な大きさに
拡大コピーをしてください。

チョウチョウ…2枚
theater78-01

桜の木 → theater78-03

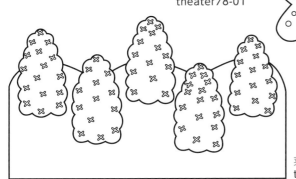

菜の花畑 →
theater78-02

P.88 ぐんぐんアオムシ

葉っぱ → theater88-01

チョウチョウの羽の模様 → theater88-01

チョウチョウの体 →
theater88-01

P.98 うまれたよ！

男の子 →
theater98-01

女の子 →
theater98-01

ヒヨコ →
theater98-02

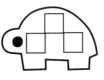

カメ →
theater98-02

P.150 ゾウさん

※ 軍手にはりつけます。

子ゾウ（目）→ theater150-01

母ゾウ（目とキバ）→ theater150-01

P.186 真っ赤な風船くん

目・口 →
theater186-01

※ 目と口は先に風船に
はりつけます。

タコの足 → theater186-01

ヘタ →
theater186-01

葉 →
theater186-01

P.196 お鍋グツグツ

タマネギ➡
theater196-01

ジャガイモ➡
theater196-01

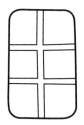

カレーのもと➡
theater196-02

ニンジン➡
theater196-02

お肉➡ theater196-02

カレー➡ theater196-03

お鍋➡ theater196-04

※ お鍋は、紙袋の大きさに合わせて拡大コピーをしてください。

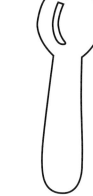

スプーン➡
theater196-05

P.206 すてきなプレゼント

目・鼻（ブタのみ鼻は別）・口…各3枚➡
theater206-01

ネコ➡
theater206-02

プレゼント➡
theater206-03

ウサギ➡
theater206-04

ブタ➡
theater206-05

ブタの鼻➡
theater206-03

花束➡
theater206-03

ケーキ➡
theater206-03

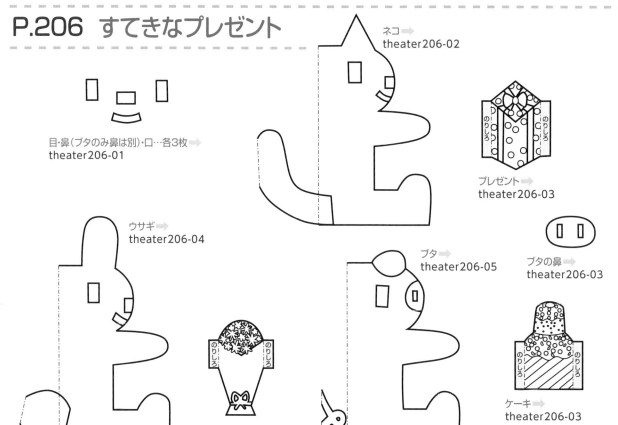

―――― 山折り

288

CD-ROM をご使用の前に

CD-ROMには、製作アイデアと壁面かざり、シアターの型紙（PDF）、指導計画（Word）、おたより（テンプレート：Word、イラスト：jpg、文例：テキスト）が入っています。

使用許諾について

●本書掲載およびCD-ROM収録の製作アイデアと壁面かざりの型紙、指導計画、イラスト、文例の著作権・使用許諾権・商標権は、弊社および著作権者に所属します。

●本書掲載およびCD-ROM収録の製作アイデアと壁面かざりの型紙、指導計画、イラスト、文例は、営利目的では使用できません。ご購入された個人または法人が営利を目的としない場合のみ、ご利用できます。ただし、以下のことを順守してください。

●園児募集などのPRを目的としたポスター、園バスのデザイン、物品に印刷しての販促の利用や販売すること、私的利用を含めたホームページに使用することはできません。また、ほかの出版物、企業のPR広告、企業や店のマークなどへの使用もできません。

●本書掲載およびCD-ROM収録の製作アイデアと壁面かざりの型紙、指導計画、イラスト、文例を複製し、第三者に譲渡・販売・貸与・頒布（放送やインターネットを通じたものも含む）することは禁じられています。

CD-ROMの取り扱いについて

●付属のCD-ROMをご使用いただくには、お使いのパソコンにCD-ROMドライブ、またはCD-ROMを読み込めるDVD-ROMドライブが装備されている必要があります。

●CD-ROMの裏面に傷をつけると、データが読み取れなくなる可能性がありますので、取り扱いには十分ご注意ください。

「CD-ROMの使い方」は、CD-ROM内のPDFを開いてご確認ください。

注意事項について

●付属のCD-ROMに収録されているデータの使用方法についてのサポートは行っておりません。

●付属のCD-ROMを使用したことにより生じた損害、障害、その他いかなる事態にも、弊社は一切責任を負いません。

※Windows、Microsoft Office Wordなどは、米国Microsoft Corporationの登録商標です。本書では、商標登録マークなどの表記は省略しています。

CD-ROMの収録内容

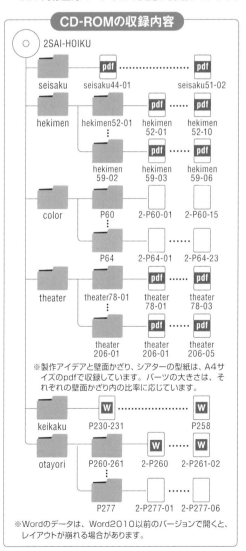

※製作アイデアと壁面かざり、シアターの型紙は、A4サイズのpdfで収録しています。パーツの大きさは、それぞれの壁面かざり内の比率に応じています。

※Wordのデータは、Word2010以前のバージョンで開くと、レイアウトが崩れる場合があります。

● 監修・執筆 ‥‥‥‥‥‥‥‥‥‥‥‥‥‥‥‥‥‥‥‥

横山洋子（よこやま ようこ）

千葉経済大学短期大学部こども学科教授。国立大学附属幼稚園、公立小学校勤務ののち現職。著書は『保育の悩みを解決！ 子どもの心にとどく指導法ハンドブック』、『CD-ROM付き 子どもの育ちを伝える幼稚園幼児指導要録の書き方&文例集 第2版』（以上ナツメ社）、『根拠がわかる！ 私の保育総点検』（中央法規出版）など多数。

本文デザイン	秋生浩二、野村友美（mom design）
本文DTP	有限会社エムアンドケイ
型紙作成	株式会社奏クリエイト
データ作成	有限会社エムアンドケイ
CD-ROM作成	株式会社ライラック
編集協力	株式会社スリーシーズン、山縣敦子、森田香子、伊藤恵利子、株式会社鷗来堂
編集担当	原 智宏（ナツメ出版企画株式会社）

ナツメ社Webサイト
https://www.natsume.co.jp
書籍の最新情報（正誤情報を含む）は
ナツメ社Webサイトをご覧ください。

CD-ROM付き　子どもの力が伸びる
2歳児の保育 12か月

2020年3月 5 日　初版発行
2021年5月10日　第2刷発行

監修者	横山洋子	Yokoyama Yoko,2020
発行者	田村正隆	
発行所	株式会社ナツメ社	
	東京都千代田区神田神保町1-52	
	ナツメ社ビル1F（〒101-0051）	
	電話　03（3291）1257（代表）	
	FAX　03（3291）5761	
	振替　00130-1-58661	
制　作	ナツメ出版企画株式会社	
	東京都千代田区神田神保町1-52	
	ナツメ社ビル3F（〒101-0051）	
	電話　03（3295）3921（代表）	
印刷所	図書印刷株式会社	

ISBN978-4-8163-6794-6
Printed in Japan

［巻頭カラー特集］‥‥‥‥‥‥‥‥‥‥

● ●「2歳児の保育12か月」でレッツ保育！ 漫画／高村あゆみ 写真協力／社会福祉法人正愛会南船橋保育園
● ● 0～2歳児の発達を知ろう 執筆／西坂小百合（共立女子大学家政学部児童学科 教授） イラスト／喜多村素子
● ● 2歳児のケア&生活 撮影協力／社会福祉法人東京児童協会江東区白河かもめ保育園、日本大学認定こども園 撮影／矢部ひとみ イラスト／石崎伸子
● ● 0.1.2歳児 保育のキホン／「指導計画」の立て方 執筆／横山洋子（千葉経済大学短期大学部こども学科教授） イラスト／ささきともえ
● ● 製作あそび 取り組み方のヒント 指導／宮地明子 イラスト／ホリナルミ
● ● 製作あそび プラン・製作／町田里美、宮地明子 撮影／宮地岩根、林均 作り方イラスト／くるみれな、つかさみほ、町田里美、宮地明子
● ● 壁面かざり プラン・製作／うえはらかずよ、つかさみほ、渡守武裕子、藤沢しのぶ、マメリツコ、みさきゆい、やのちひろ 撮影／林均
● ● おたよりイラスト／マーク・メダル イラスト／うえはらかずよ、蔵澄咲帆、とみたみはる、みさきゆい、miyako

［PART1 クラスづくり］‥‥‥‥‥‥‥

● ● 保育の見通し／環境構成／保育者の援助 執筆／社会福祉法人東京児童協会江東区白河かもめ保育園（副園長 原 麻美子、伊東円香、鈴木美樹） 漫画／ヤマハチ イラスト／とみたみはる、とりうみゆき、Meriko 写真協力／社会福祉法人東京児童協会江東区白河かもめ保育園 撮影／矢部ひとみ
● ● 今月のねらい／チェックポイント 執筆／横山洋子（千葉経済大学短期大学部こども学科教授） 写真協力／社会福祉法人正愛会南船橋保育園
● ● あそび あそびプラン／浅野ななみ、きのいい羊達、栁澤秋孝、栁澤友希、渡辺リカ イラスト／有栖サチコ、菊地清美、くるみれな、すみもとななみ、中小路ムツヨ、ナシエ、町塚かおり
● ● シアター シアタープラン／山本省三 撮影／林均 モデル／ヒラタオフィス、ブロッサムエンターテイメント イラスト／中小路ムツヨ 作り方イラスト／高山千草、内藤和美
● ● 行事のことばかけ 執筆／横山洋子（千葉経済大学短期大学部こども学科教授） イラスト／Meriko
● ● うた／手あそび・うたあそび 選曲／原麻美子（社会福祉法人東京児童協会江東区白河かもめ保育園 副園長）
● ● 絵本 選書／遠藤裕美
● ● 読み取ろう子どもの育ち 執筆／江口マミ子（日本大学認定こども園 園長） イラスト／ささきともえ

［PART2 保護者対応］‥‥‥‥‥‥‥‥

執筆／太田富美枝（社会福祉法人正愛会南船橋保育園 園長） イラスト／コダシマアコ

［PART3 指導計画］‥‥‥‥‥‥‥‥‥

● ● 年間指導計画、個人案、事故防止チェックリスト 執筆・協力／千葉県浦安市立入船保育園 イラスト／浅羽ピピ 協力／東京都世田谷区 子ども・若者部 保育課

［PART4 クラス運営のヒント］‥‥‥‥‥

おたよりイラスト／イシグロフミカ、うえはらかずよ、大月季巳江、北村由紀、蔵澄咲帆、瀬戸めぐみ、たかしまよーこ、田中なおこ、どうまんかずのり、とみたみはる、ナシエ、福島幸、町田里美、みさきゆい、miyako、Meriko、やまざきかおり、わたなべふみ 文例執筆／浅野ななみ、原麻美子（社会福祉法人東京児童協会江東区白河かもめ保育園 副園長）